实战 多平台 短视频 运营

抖音、快手、微信视频号等

崔恒华 编著

电子工业出版社
Publishing House of Electronics Industry
北京·BEIJING

内 容 简 介

随着移动互联网的快速发展与普及，短视频营销正在成为新的营销风口。随着越来越多的短视频平台的出现，很多企业、团队甚至个人都投入到这场激烈的战斗中。不少企业现在已经意识到短视频是提升品牌知名度的极佳方式之一。

本书从短视频策划、制作、运营的基础出发，结合海量的实际操作技巧，总结了短视频运营实战技巧，从短视频热门选题策划到内容定位，从短视频拍摄前的准备与必备技能到短视频脚本的编写，从常见短视频剪辑制作工具到使用剪映、快剪辑、爱剪辑编辑视频，从抖音短视频的推荐机制到拍摄高质量的短视频，从快手短视频平台推荐机制到使用快手拍摄短视频，从微信视频号的推荐机制到视频号引流方法和运营技巧，从西瓜视频、淘宝短视频、B 站短视频平台到短视频营销吸粉的各种方法技巧。本书手把手教你将短视频变现的各种模式，帮助你快速掌握短视频的盈利方法，及时收获短视频红利。

本书结构清晰、图文并茂，既适合各行各业的新媒体从业人员、短视频从业人员、通过短视频进行营销的企业和商家，也可以作为各类高等院校、职业院校新媒体和市场营销类相关专业的教学用书。

图书在版编目（CIP）数据

实战多平台短视频运营：抖音、快手、微信视频号等 / 崔恒华编著. —北京：电子工业出版社，2022.1
（新零售时代电商实战）

ISBN 978-7-121-42351-2

Ⅰ．①实… Ⅱ．①崔… Ⅲ．①网络营销 Ⅳ．①F713.365.2

中国版本图书馆 CIP 数据核字（2021）第 231411 号

责任编辑：林瑞和　　　　　　　特约编辑：田学清
印　　　刷：三河市君旺印务有限公司
装　　　订：三河市君旺印务有限公司
出版发行：电子工业出版社
　　　　　北京市海淀区万寿路 173 信箱　　　邮编：100036
开　　本：787×980　　1/16　　印张：15.75　　字数：314 千字
版　　次：2022 年 1 月第 1 版
印　　次：2022 年 1 月第 1 次印刷
定　　价：69.00 元

凡所购买电子工业出版社图书有缺损问题，请向购买书店调换。若书店售缺，请与本社发行部联系，联系及邮购电话：（010）88254888，88258888。
质量投诉请发邮件至 zlts@phei.com.cn，盗版侵权举报请发邮件至 dbqq@phei.com.cn。
本书咨询联系方式：010-51260888-819，faq@phei.com.cn。

前　言

近两年，短视频平台强势崛起。如今，中国短视频用户已经接近 10 亿户，短视频行业市场规模已经突破千亿元大关。巨大的用户规模与市场规模，吸引了无数创作者和资本不断地投入到短视频行业中。短视频带动的不仅仅是个人创作者，还带火了更多的企业和商家。如今越来越多的商家和企业瞄准了短视频这块大蛋糕。比如海尔、小米、联想、伊利、华为、比亚迪汽车、长城汽车等企业纷纷在短视频平台上做起了营销，而且取得了可观的效果。入驻其中的品牌无疑将分享这波流量红利，中小企业务必重视短视频平台这个超级流量池，掌握技能，抓住趋势。对于企业而言，如果之前错过了淘宝电商，错过了微博，错过了微信公众号，现在千万不要再错过短视频。短视频带来了新的流量红利，这无疑是一次弯道超车的机会。

小米 CEO 雷军曾形容风口的意义："站在风口上，猪都能飞起来！"小米曾经站在风口上起飞，一度成为很多创业者竞相模仿的对象。而后随着风口的不断转移，出现了O2O、新零售、共享经济、人工智能、短视频等诸多风口。现在短视频就是这个风口，各类短视频平台大量涌现，可谓风口正劲、势头正猛。

然而，想通过短视频变现并非易事。短视频的拍摄准备工作和技能有哪些？怎样使用后期剪辑软件处理短视频？抖音短视频的推荐机制是怎样的？短视频火爆的原因有哪些？怎样选好短视频封面？怎样通过短视频平台引流？如何制作短视频才有人点击？如何运营常见的短视频平台？为什么别人制作的短视频发布不久就获得几十万条的评论转发，而我制作的短视频却一个点赞的都没有？如何写出吸引人的短视频标题？如何打造爆款短视频？如何进行互动评论？对短视频如何进行变现盈利？常见的变现盈利模式有哪些？……很多人对这些都一无所知，本书就是为了解决这些问题而编写的，从而让读者更切实地理解短视频策划、制作、运营技巧，成为短视频运营方面的专家。

本书共 9 章，具体内容包括：短视频内容策划与定位、短视频的拍摄准备和技能、短视频后期剪辑制作、抖音短视频运营、快手短视频运营、微信视频号运营、其他主要短视频平台运营、短视频营销"吸粉"技巧、短视频变现盈利。

本书的主要特色如下。

♬ 内容全面：本书对短视频相关的内容策划、拍摄技巧、后期剪辑制作、各平台运营技巧、营销吸粉技巧、变现盈利等进行全面阐述。读完本书，读者对短视频运营会有一个比较全面的认识。

♬ 实用性强：本书所选的知识、技巧和案例，都是在一个运营者亲身实践的基础上来安排的，能让读者更透彻地了解书中的技巧及其运用，真正实现"学到就要用到实处，用到就要达到目标"。

♬ 多平台：本书对很多全新的短视频平台都进行了介绍，包括抖音短视频、快手短视频、微信视频号、西瓜视频、淘宝短视频、B 站短视频，每个人可以选择适合自己的平台。

♬ 案例操作性强。本书通过大量精彩案例，介绍了短视频的策划、编辑和运营，并详细介绍了短视频案例的操作过程与方法，带领读者轻松入门。

参加本书编写的还有孙良军老师。由于作者知识水平有限，书中难免有疏漏之处，恳请广大读者批评、指正。

读者服务

微信扫码回复：42351

· 获取本书配套视频、PPT、题库、习题答案

· 加入"电商"读者交流群，与更多同道中人互动

· 获取【百场业界大咖直播合集】（持续更新），仅需 1 元

目　录

第 1 章

短视频内容策划与定位

短视频制作的重要一步就是内容的策划与定位。首先要做好短视频的内容策划，再加上垂直、精准的定位，才能在制作短视频时做到有的放矢，而且对于短视频的后期推广也能起到事半功倍的作用。

学习目标：

- ♬ 掌握短视频的类型
- ♬ 掌握优质内容的特质
- ♬ 掌握短视频的选题策划
- ♬ 掌握常见的热门选题
- ♬ 掌握短视频内容的定位

1.1 短视频的类型

目前各大平台上的短视频类型多种多样，下面介绍短视频渠道的类型、短视频内容的类型、短视频生产方式的类型。

1.1.1　短视频渠道的类型

按照短视频平台的特点和属性，有 5 种常见的渠道类型，分别是资讯客户端渠道、在线视频渠道、短视频渠道、社交平台渠道和垂直类渠道，具体如表 1-1 所示。

表 1-1　短视频渠道类型

资讯客户端渠道	今日头条、百家号、企鹅媒体平台、网易新闻客户端、天天快报、一点资讯等
在线视频渠道	搜狐视频、优酷、爱奇艺、腾讯视频、B 站等
短视频渠道	抖音、快手、视频号、腾讯微视、西瓜视频等
社交平台渠道	微博、微信、QQ 空间等
垂直类渠道	淘宝、京东、蘑菇街、礼物说等

1.1.2　短视频内容的类型

短视频内容的类型有很多，下面介绍常见的短视频内容类型。

1．Vlog 短视频

Vlog 短视频一般以纪录片的形式呈现，内容制作精良，博主以旁述、讲解的方式向大家介绍内容。

由于 Vlog 的内容多数以记录生活为主，这些片段虽然经过剪辑，但显然不是"表演"，即不是预先编排的。这一点对新一代年轻人来说更具吸引力。

2．娱乐搞笑类

娱乐搞笑类短视频为用户提供了不少谈资。人们观看这些视频会感到轻松愉快，可缓解紧张情绪。

3．技能分享类

技能分享类短视频也受到很多用户的喜爱。这类视频内容一般会分享一些生活中的技能，比如快速开酒瓶盖技巧、养花小技巧等，这样的内容受众也比较广。

4．情感共鸣类

情感共鸣类短视频能够从情感上引起用户的共鸣，产生价值上的认同感，从而吸引更多的用户观看。真实感人的小故事、情感爆发的瞬间，更容易引起人的共鸣，能收获大量用户的点赞和关注。

5. 才艺类

才艺类视频也很受欢迎，比如唱歌、弹奏乐器、舞蹈表演等。也有一部分视频发布者发布此类视频是为了推广自己的线下培训课程，比如舞蹈培训课，通过短视频招生，效果可能比较好。

6. 美食类

美食一直是非常热门的内容，当我们看到美食类的视频时，就仿佛隔着屏幕都能闻到食物的香味。

1.1.3　短视频生产方式的类型

短视频按生产方式可以分为 UGC（用户创作内容）、PUGC（专业用户创作内容）和 PGC（专业创作内容）3 种类型。

UGC：全称为 User Generated Content，指用户自主创作并上传内容。这里的用户指的是非专业个人创作者。这块如果用得好，不仅节省了很多内容产出成本，而且内容更贴近用户群，容易引起共鸣。UGC 具有数量大、内容质量参差不齐、商业价值不高的特点。

PUGC：全称为 Professional User Generated Content，指专业用户创作内容。专业用户指拥有粉丝基础的网红或者某一领域专业知识的意见领袖。通过 PUGC 产生的专业化的内容能更好地吸引用户，并且留住用户。

PGC：全称为 Professional Generated Content，指专业创作内容。PGC 通常独立于短视频平台，给用户提供更权威的内容，以转化或吸引潜在用户的关注。

1.2　优质的内容才是制胜的法宝

大部分制作短视频的人最关心的是如何大量增加粉丝，其实短视频内容是非常重要的，要想做好短视频运营，应该重视内容。要真正从用户的角度去思考，真正关心用户的各方面需求，以此为出发点拍摄出来的内容才有感染力，才能吸引用户看完视频。随着短视频内容的爆发，用户的品位越来越高，因此优质的内容才是短视频制胜的法宝。

1.2.1　优质内容的特质

短视频应注重内容，当内容有实用性、趣味性时，短视频运营就成功了一大半。关注并解决用户需求，引发用户共鸣的内容就是优质内容。优质的短视频内容主要有以下几个特质。

1．独特的创意

内容的创意性是影响用户选择的一大关键因素，只有好的创意才能不断地提升用户的兴趣。创意性因素占比较高的内容为生活小技巧、文化艺术类视频。

创意来源于生活，又高于生活，想要做出好的作品，就必须多拍多试，深度挖掘符合账号定位的创意。图 1-1 展示了很多有创意的短视频。要拍摄出这些创意短视频，创作者除了要注意日常的积累，还要善于观察生活，找出生活中的创意点，再进行创作。

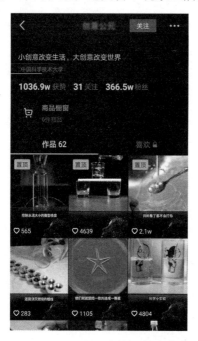

图 1-1　有创意的短视频

2．知识性

无论是科普类还是教育类的短视频，都能让用户从中获取知识，比如生活小技巧、美容化妆技巧、网页制作教程、图像处理教程类视频。

图 1-2 所示为抖音上 Excel 教学视频，该视频将专业晦涩的 Excel 使用技巧通过生动有趣的短视频进行讲解，简单易懂，很容易上手，对想要学习 Excel 软件的用户群体来说，相当实用。

图 1-2　Excel 教学视频

3．娱乐性

每个人都追求快乐，追求精神上的愉悦，娱乐性已经成为现代传媒的本质属性之一。那些能吸引用户的短视频，有一个不可忽视的因素，就是娱乐性，比如搞笑小视频、内涵段子视频、名人八卦视频、影视片段等。

图 1-3 所示的短视频将日常生活中的小事，通过娱乐搞笑的形式展现出来，吸引了很多用户的关注。

4．情感性

人都是有感情的动物，也容易被他人的情感所感染。情感性的内容一直都是热门的话题，图 1-4 所示为情感性的短视频。情感性的短视频能引发用户的情感共鸣，并折射出一定的社会现象，比如公益事件、好人好事、扶贫助残等。

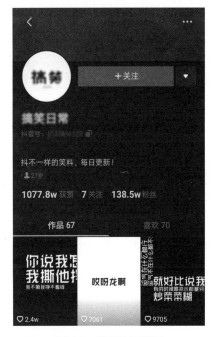

图 1-3　娱乐性短视频

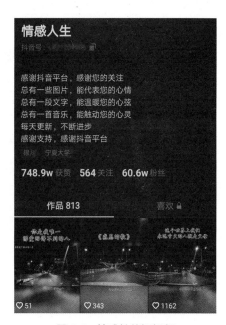

图 1-4　情感性的短视频

1.2.2　深度垂直的内容

短视频越来越垂直化，垂直化正成为短视频内容生产的趋势。无论是短视频平台还是用户，都更喜欢垂直化的内容。例如，某抖音号粉丝并不多，在利用短视频售卖课程后，只有几万个粉丝竟然产生了几千个订单。

那么，如何做垂直领域呢？

1．聚焦某类目标人群

做垂直领域常见的方法是确定核心目标人群，通过直击该人群痛点的内容去吸引他们，再通过符合其特质的内容和调性增加用户黏性。

例如，"育儿妈妈帮"的目标人群是年轻妈妈群体，"海南旅游"的目标人群是爱好去海南旅游的人这个群体。

2. 聚焦某类主题场景

根据短视频用户的主题场景进行纵深挖掘，在内容表达上突出场景化，与此类用户进行深度对话。例如，"户外旅行"主打的是旅游主题场景，"健身之家"主打的是健身主题场景。

3. 聚焦某类生活方式

短视频除了要塑造品牌形象，还要能够打造一种让用户愿意追随的生活方式。例如，很多年轻人会说："若我不在咖啡店，那我就正在去咖啡店的路上。"这些年轻人认为喝咖啡是一种生活方式，那品牌也应该打造这样一种理想的生活方式，将产品嵌入其中，做垂直化的视频。

1.2.3 极致细分的内容

细分市场是指把产品的市场整体划分为若干消费者群的市场分类过程。每一个消费者群就是一个细分市场。

对于短视频来说，深度垂直是一个趋势，而细分是指在垂直行业版块中再挑选主要的业务进行深度发展。细分可以按照地域分，也可以按照兴趣、生活场景来分。例如，舞蹈是一个大垂直领域，它的细分领域就有古典舞、现代舞、芭蕾舞、民族舞、拉丁舞等。

1.2.4 寻找热门话题内容

热门话题是指一段时间、一定范围内公众比较关心的热点问题。对于短视频创作者来说，根据热点话题策划、制作短视频，是一种"性价比"较高的方式，能快速吸引用户的关注。那么，如何寻找热门话题内容呢？除常规型热点外，还可通过抖音热榜、品牌热 DOU 榜、百度搜索风云榜、微博热搜榜寻找热门话题内容。

1. 常规型热点

常规型热点如大型节假日、大型国际赛事、大型活动、每年的高考等。这类热点，准备周期长，可以提前策划拍摄，热点一出，便能及时发布。举个例子，一年一度的高考，话题性和关注程度都很高，很多短视频创作者每年都会拍摄高考相关内容。

2. 抖音热榜

在抖音的搜索框下，有一个"抖音热榜"，如图 1-5 所示，这个内容是官方推荐的。点击"查看完整热点榜"，即可看到完整的热点名单，如图 1-6 所示。视频话题要与热词吻合，视频标题文案要紧扣热词。

图 1-5　"抖音热榜"

图 1-6　"抖音热榜"中的完整热点名单

3. 品牌热 DOU 榜

品牌热 DOU 榜是基于抖音指数为各品牌打造的榜单，旨在反映各品牌在抖音上的传播声量，让各品牌随时了解自身在抖音的热度影响力，为各品牌建立长效的品牌营销认知。

品牌热 DOU 榜的榜单内容分别代表了用户积极参与评论的内容、用户喜欢观看的视频及非官方的热门话题。品牌热 DOU 榜如图 1-7 所示。

图 1-7　品牌热 DOU 榜

各品牌想要提升品牌榜排名，必须提高视频发布量、播放量和互动量。品牌商家拍摄的视频被主动搜索的次数越多，被用户点赞、评论、转发得越多，排名就会越靠前。

4. 百度搜索风云榜

百度搜索风云榜以数亿个网民的搜索行为作为数据基础，建立权威的关键词排行榜与分类热点排行榜，以榜单的形式呈现出全民搜索排名。图 1-8 所示为百度搜索风云榜，可以查看详细的热搜情况。短视频创作者可以根据目标人群来了解相关的热点和资讯，根据搜索到的热点信息策划短视频的内容。

5. 微博热搜榜

微博热搜榜是微博开发的实时搜索类应用模块，为用户提供网友热搜的事件、话题，方便用户实时了解大家正在搜索的热点信息。图 1-9 所示为微博热搜榜。

图 1-8　百度搜索风云榜

图 1-9　微博热搜榜

1.2.5 知识内容的持续产出

要根据自己的特长、优势或资源持续输出用户感兴趣的短视频内容,这样容易获得平台更多的流量。行业"大 V"保持平均每天 5 条左右的内容更新,大部分创作者保持每日更新或每周更新的频率。

那么为什么要保持持续输出的数量和频率呢?

1. 培养用户的习惯

持续规律地输出内容,可以培养用户固定的观看习惯,提高用户黏性。当黏性足够高时,用户慢慢具备了粉丝属性。如果不能持续输出内容,就容易被用户忘记。

2. 获得用户的认可

互联网时代的竞争就是获得用户认可。短视频也一样,每个短视频博主都在调整自己发布的内容和发布频率,尽力得到用户的认可。

1.3 短视频的选题策划

所谓选题,就是要做一个什么样的题材。对于短视频创作者来说,选题策划是核心。下面就介绍短视频的选题策划。

1.3.1 寻找选题的维度

很多人在拍摄短视频时总是找不到选题思路,其实只要找到选题的维度,并根据维度拓展思路即可。选题的 5 个维度分别为人物、工具和设备、精神食粮、方式方法和环境。

1. 人物

人物主要涉及以下信息:拍摄的主角是谁?他的基本属性是什么?可以把人物按照年龄或身份进行划分,如果目标用户是青少年学生,那么短视频的内容就要引发学生的共鸣,短视频的主角最好是学生。

2．工具和设备

确定好人物维度后，就要根据人物角色选择合适的工具和设备。例如喜欢运动健身的人一般会用到跑步机、瑜伽垫等；爱好旅游的人一般会用到登山棍、太阳帽等。

3．精神食粮

精神食粮主要包括书籍、电影、音乐、讲座、展览、培训课程等。要分析目标用户喜欢什么书籍和电影、参加什么培训，分析之后才能了解其需求，从而有针对性地制作出符合其需求的短视频。

4．方式方法

方式方法，如瘦身方法、教育方法、美食制作方法等。例如，短视频的主角是一位美食爱好者，他如何炒菜？采用哪些美食素材？制作方法和过程是怎样的？

5．环境

由于短视频的剧情不同，环境也会发生相应的变化。环境主要指拍摄地点，比如学校、商场、公园、办公室等。

1.3.2　策划短视频选题的基本原则

不管短视频的选题是什么，其内容都要遵循一定的原则，并以此为宗旨，落实到短视频的创作中。短视频选题的策划原则有哪些呢？

1．站在用户的角度

短视频一定要以用户为中心，短视频的内容不能脱离用户，满足用户的需求是很重要的。短视频创作者在策划选题时，要优先考虑用户的喜好和需求，这样才能够最大限度地获得用户的认可。

2．内容要有创意

我们看到一些平台上做得比较好的短视频，它们都有一个共性，即不管是内容还是形式，都十分新颖，有创意。

3. 内容要有价值

内容有价值的短视频是用户拒绝不了的诱惑。若短视频内容对用户有价值，满足了他们的需求，就能激发用户关注并点赞评论，从而实现短视频的裂变传播。

4. 结合行业或网络热点

短视频创作者要提升新闻敏感度，善于捕捉并及时跟进热点，这样制作出来的短视频就可以在短时间内获得大量的流量和曝光，快速增加短视频的播放量，吸引用户关注。

5. 远离敏感词汇

短视频平台都有一些敏感词汇的限制。多去关注各平台的动态，了解平台官方发布的一些通知，避免出现违规被封号的情况。

很多热点话题会涉及一些时政类内容，尽量避开这些敏感话题，观点内容尺度把握不好，很容易陷入漩涡，甚至可能会带来违规被封号的风险。

1.3.3 好的选题创意

在短视频的选题上，我们应该怎么做，才能在选题上更具有创意呢？

1. 选题场景化

场景指的是在某一具体的情景中，大部分人会有相同的行为反应。无论是运营具体产品，还是做内容运营，本质上都是为了满足或解决用户的需求。而用户的需求都是在现实生活场景中存在的，因此场景化的选题能够直击用户痛点，挖掘出用户最真实的需求。这样一来，创作的短视频内容就更容易引起用户的共鸣，受到用户喜爱。

短视频要做好选题场景优化，就需要将用户观看短视频时的场景依次罗列出来，根据不同场景挖掘出用户与之相对应的需求，最后根据这些需求进行短视频内容的策划。这样就能将短视频内容和用户关联起来，从而更好地满足用户的需求。

可以简单地将选题场景分为以下 3 种类型。

1）用户感兴趣的场景

为短视频做选题，可以选择大部分用户感兴趣的场景，这些场景虽然不是用户的亲身体验，但是同样对用户有很强的吸引力。有合适的短视频题材，就能引起用户的注意。这种有明确主题的短视频题材，会让用户有代入感，能够引起用户极大的兴趣。

2）重现用户体验过的场景

短视频创作者在做选题时，可以选择一些用户经常遇到的、经常体验的真实场景。短视频以用户经常体验的场景作为选题，能吸引大量的用户观看。同样的场景是很多用户都有过的体验，但是每个人的行为反应和解决方式都是不同的。因此，这种类型的场景化选题，也很受用户喜爱。

3）引起共鸣的隐晦场景

这类场景在用户生活中出现的频率并不高，但对用户有很强的吸引力，能快速引起用户的情感共鸣。

2．个性选题

突出个性也是短视频选题的创意表现，观看同一个短视频的用户，他们的需求、特点、喜好都存在着较大的差异。对于短视频而言，当满足的用户越多时，我们就会在短视频栏目的粉丝数量和知名度等方面获益越多。

3．多角度思考

面对同一个话题、同一个事件，大家都从同一个角度去进行短视频内容创作，就很难引发用户的兴趣。要做创意选题，就需要对同一个话题或同一个热点有独特的角度，选择区别于大多数人的角度进行创作。

只有新鲜的事物才能刺激用户打开的欲望。因此，针对同一个事物，在做选题时可以发挥团队中每个人的思考力，因为不同的人看待同一事情的角度往往不同。

4．与用户互动

短视频要做好创意选题，往往不能忽视的就是和用户之间的互动。能够引起用户积极互动的选题，流量自然不会太低。

下面总结了几种和用户互动的方法。

（1）向用户求助，怎么解决问题？

（2）在短视频中引导用户吐槽，这样容易吸引大家互动评论。

（3）在节目中有意识地引导用户。比如你相亲时最尴尬的事是什么？欢迎小伙伴们留言评论。这样也容易引导大家互动。

1.3.4　切入选题的方法

确定选题以后，短视频创作者可能会发现该选题与很多竞争账号中的内容相似。对于相似的选题，短视频创作者要选择不一样的切入点，以避免内容同质化，这样才有机会制造话题爆点，超越竞争对手。

因此，在确定选题后，短视频创作者要设想竞争对手会怎么做，尤其是一些大家都想"蹭热点"的话题。当对竞争对手的观察足够细致和深入时，就会对其经常采用的短视频形式了如指掌。这时就要寻找与竞争对手不同的切入点，并列出若干个，从中找出最佳切入点。

短视频创作者在切入选题时，要注意以下几点。

1．有效整合各种物质要素

短视频创作者做短视频少不了资源方面的支持，如物力、财力、人力等物质要素。有效地整合这些物质要素，可以为短视频的创作提供极大的方便，否则就会步履维艰。

2．以兴趣为支撑

"兴趣是最好的老师"，如果短视频创作者对某一领域有浓厚的兴趣和专业能力，就可以支撑其在某个方向深耕，持续产出优质内容，深化内容的垂直性。因此，要想判断自己是否可以在选择的领域内深耕下去，短视频创作者要先对比同行的头部账号，分析其短视频内容的深度和价值属性，判断凭借自己的兴趣是否能够稳定而持续地产出优质短视频。

3．及时调整选题

短视频创作者在刚开始做短视频时，可能会有一段试错的路要走。一般来说，短视频创作者要先持续发布作品 10 天以上，并密切关注数据变化，以此来做预估和调整，然后判断是按照既定的选题做下去，还是调整选题方向或者内容、形式。

在试错的过程中，短视频创作者要搞清短视频制作成本与短视频播放量、账户粉丝量之间的关系，从而把握账号的走向和市场情况，最后做出是否调整选题的决定。

1.4　常见热门选题内容策划策略

目前短视频行业各类选题层出不穷，常见的热门选题内容包括才艺表演类、幽默搞笑类、美食类、旅游景点类、正能量类、生活技巧类等。

1.4.1　才艺表演类

才艺表演是指一种通过剧情表演、唱歌、跳舞等所展现出来的内容。这类短视频内容很容易吸引粉丝的关注。图 1-10 所示的舞蹈短视频有 25.4 万人次点赞量，5574 条评论量，4970 人次转发量。

图 1-10　才艺表演类短视频

才艺表演类短视频要求主播表演能力强，音乐好听，舞蹈好看。才艺展示类账号一般多展示才艺，打造多才多艺的人设，从而吸引粉丝的关注。

这类短视频需要做到专业，并且才艺是稀缺的。用户之所以喜欢这类短视频，无非两种原因：一是他自己做不到；二是他从来没有见过。所以，如果能满足这两点中的任何一点，他们都会点赞、转发。

1.4.2 幽默搞笑类

幽默搞笑类短视频受众比较广，能够引起大多数人的兴趣。搞笑类的内容包括讲笑话、搞笑剧等。当粉丝看了视频后捧腹大笑时，点赞就成为顺其自然的一种奖赏表达。因此搞笑类的视频内容容易上热搜。

图 1-11 所示就属于幽默搞笑类短视频。该短视频所属账号在抖音上发布了 220 多个搞笑段子，吸引了大量的粉丝关注。

图 1-11　幽默搞笑类短视频

1.4.3 美食类

民以食为天，美食类选题的受众是非常广的，美食类短视频是当下短视频行业很热的一个细分领域。美食具有极致的诱惑力。一个好的美食短视频即使没有真的吃到，但画面也足以让人浮想联翩。图 1-12 所示的短视频详细传授美食制作流程，这类短视频的实用性很强。

图 1-12 实用美食类短视频

一般来说，美食类短视频分为以下几类。

1．美食教程类

美食教程，简单来说就是美食的制作技巧。这类短视频有很强的实用性，向用户详细传授美食的制作流程。用户通过短短几分钟的时间就可以学会一道美食的制作方法，因此这类短视频很容易吸引用户的关注。

2．美食品尝类

美食品尝类短视频的内容简单直接，主要拍摄视频中人物品尝美食的表情、动作，以及人物对美食味道的感受。

1.4.4　旅游景点类

短视频也带动了特色景点，这些景点带给人美的享受，令人向往，很容易引起粉丝的关注。毕竟不是每一个景点大家都去过。由于短视频录制简单、成本低廉，因此除了庞大的普通用户，很多景区、地方旅游发展委员会等都纷纷进驻各大短视频平台，开设官方账号。

短视频由于具有短、新、快、奇的特点，逐渐成为旅游行业的有效宣传手段，利用数字技术打造的景区景点展示、景区人文历史等短视频，能以更生动的方式体现景区的特色风貌和人文历史。

图 1-13 所示为拍摄的梵净山短视频，利用航拍+快进镜头剪辑手法，利用空中大景镜头，展现景区丰富优美的自然景观、博大深厚的文化底蕴。

图 1-13　梵净山短视频

1.4.5　正能量类

正能量的内容也比较受欢迎，越是压力大的人、越是浮躁迷茫的人、越是缺钱的人、越是失败的人，越需要正能量。短视频如果能够带给别人正能量、引起正义人士内心深处的共鸣，往往会有很高的评论与转发量。

正能量的内容和表达引发了用户的共鸣，用犀利的文案打造价值认同感，价值观认同则能带来追随式的关注，粉丝的黏性更强。

图 1-14 所示为抖音上发布的一系列励志正能量短视频。

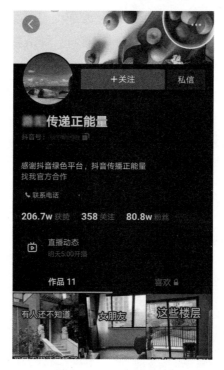

图 1-14　正能量短视频

1.4.6　生活技巧类

生活技巧类视频在抖音上一直非常火，各类生活实用技能培训教程、资源集合类都属于此类。

在策划生活技巧类短视频时要注意以下几点。

1．通俗易懂

拍摄这类短视频时，语言一定要通俗易懂，特别是操作步骤要简明扼要。

2．实用性强

生活技巧类短视频的取材一定要贴近生活，并且能为粉丝带来生活上的便利。如果粉丝看完短视频后什么都没有学到，那么这样的作品无疑是失败的。

3．讲解方式有趣

生活技巧类短视频一般比较枯燥，为了更好地吸引用户，在讲解方式上可以采用夸张的手法表现操作失误所带来的后果。

1.5　短视频内容定位

短视频要取得成功，精准的定位是十分必要的。如果没有做好短视频内容定位，就很难持续地吸引大量粉丝。

1.5.1　定位一定要垂直

一开始就定位好视频内容，认准一个点去深耕细作，不仅容易获得粉丝的认可，而且吸引到的粉丝更加精准，后期更容易变现。

垂直细分有以下三大作用。

1．维持粉丝的黏性

有粉丝，才有流量变现的可能，而维持粉丝的黏性是一件比较困难的事。尤其是刚进入短视频领域的内容创作者，很难吸引粉丝的关注。通过深耕垂直细分领域可以避免这种现象，因为垂直深耕的内容大都是某一领域的专业内容，而且制作精良，这样便能持续不断地吸引粉丝，维持粉丝的黏性。

2．吸引用户群体

画面感和话题是垂直细分领域吸引用户的两大主要因素，其中画面感能够为粉丝带来视觉上的享受，而话题则是形成互动的基础。而且短视频的主要用户群体是年轻人，短视频越细分，话题就越能满足他们的好奇心。

3．扩大新媒体影响力

垂直深耕的短视频内容很容易使话题发酵。这些话题不仅会成为用户群体中的谈资，还会成为同行甚至传统媒体关注的对象。

1.5.2　要有特色

所谓特色，就是与众不同的地方。短视频要有自己的特色，短视频创作者要找到适合自己的特色风格，树立自己的个性形象，发挥自己的优势，才能够更好地竞争。

对于初涉短视频领域的创作者来说，要想引起用户的关注，有自己的特色很重要。毕竟用户关注的往往是热点与专业结合的短视频，从这个角度来说，有自己特色的短视频更具有发展潜力。

因此，一方面要保证短视频内容立意新颖、内涵丰富；另一方面要注重打造特色细节。在特色细节上给用户带来惊喜，避免千篇一律，这样既能加深用户对内容和账号的印象，又能吸引其持续关注。

1.5.3　从自己擅长的领域出发

想要让短视频持续火爆，首先要客观地审视自己，必须清楚自己擅长的领域，锁定一个专长领域。

怎样发现自己擅长的领域呢？

1．先梳理自己最喜欢的是什么

有些人喜欢的领域很多，如旅游、美术、音乐、舞蹈、美食等，找到自己最喜欢的领域。

2．全身投入、忘却自我去做的事情是什么

有的短视频主播舞蹈跳得特别好，无论是在 KTV，还是在休闲广场，有时候一跳就是几个小时，每天都坚持发视频。这样的全身投入、忘却自我的主播自然会得到人们的喜爱。

3．天赋是什么

每个人的时间和精力有限，在自己天赋的领域发展，会让我们更容易获得成功。简单来说，就是做一件事要有悟性，别人可能做十天还不一定能做好，你只需要两天，而且做得比别人好。

好好审视自己，自己到底做过哪些事情是被别人赞扬最多的，这些事情很可能就是你的天赋所在。

1.5.4 尽量原创，不要搬运

很多短视频新手为了省事，经常搬运别人现有的视频内容，事实证明效果非常差。即使积累了一定量的粉丝，也难以拥有自己的核心竞争力，粉丝也没有很强的黏性，进而影响到后期的变现。短视频运营想要走得更远，最重要的还是依靠原创。

许多短视频主播的原创内容不能坚持下去，主要有以下几个原因。

一是制作出来的短视频与期望差距很大。

二是现有资金支撑不起持续的原创内容输出。

三是选题难，没有新意。

如何才能解决这些问题呢?

针对第一点，要不断优化自己的作品，精益求精，不要急功近利，随手拍完就发布到平台上。

针对第二点，要及时做好变现，可以接一些广告或售卖商品等。

针对第三点，站在粉丝的角度选择选题，可以与当前热点事件结合。

1.6 练习题

1. 填空题

（1）按照平台的特点和属性，短视频有 5 种渠道，分别是_____、_____、_____、_____和_____。

（2）短视频按生产方式可以分为_____、_____和_____3 种类型。

（3）_____是指把某一产品的市场整体划分为若干消费者群的市场分类过程，每一个消费者群就是一个细分市场。

（4）_____是基于抖音指数为各品牌打造的榜单，旨在反映各品牌在抖音上的传播声量，让各品牌随时了解自身在抖音的热度影响力，为各品牌建立长效的品牌营销认知。

（5）_____视频在抖音上一直非常火，各类生活实用技能培训教程、资源集合类都属于此类。

2．简答题

（1）常见的短视频内容的类型有哪些？

（2）短视频内容优质与否，主要通过哪些特质来判断？

（3）如何寻找热门话题内容呢？具体有哪些方法？

（4）寻找选题的维度有哪些？

（5）短视频选题的策划原则有哪些？

第 2 章

短视频的拍摄准备和技能

　　创作者要想拍出优质的短视频，让拍摄的短视频脱颖而出，给粉丝留下深刻的印象，对拍摄前的准备和必备的技能绝对不能忽视。本章从最基础的短视频拍摄前拍摄设备、灯光设备、辅助器材的准备讲起，再到短视频拍摄必备技能方法、短视频脚本的编写。学习完本章内容，即使是零基础的短视频创作者，也能制作出符合爆款短视频特点的短视频。

　　学习目标：

　　　　⤢ 掌握短视频拍摄前的设备准备
　　　　⤢ 掌握短视频拍摄必备技能方法
　　　　⤢ 掌握短视频脚本的编写

2.1　短视频拍摄前的设备准备

　　短视频的拍摄需要用到各种设备，比如拍摄设备、灯光设备、辅助器材。要想拍好短视频，挑选合适的拍摄设备是关键。

2.1.1 拍摄设备

常见的用于拍摄短视频的设备都有哪些？下面将一一介绍。

1. 智能手机

现在随着智能手机的普及，智能手机的功能也越来越多，短视频创作者直接用智能手机就能拍摄出精美的短视频，并上传至短视频平台。而且很多短视频平台都带有视频拍摄、编辑制作功能，利用这些功能可以轻松地拍摄出精美的短视频。图 2-1 所示为用智能手机编辑拍摄好的短视频。

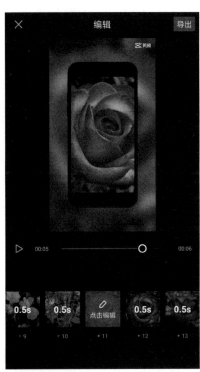

图 2-1 用智能手机编辑拍摄好的短视频

智能手机的最大特点就是携带方便，可以随时随地进行拍摄，另外操作简单，新手也能很快学会，而且拍摄完成后可直接分享，便于形成互动。

用智能手机拍摄短视频也有一些缺点，比如有的智能手机的摄像头清晰度不够，有的智能手机的防抖功能稍差，甚至很多手机没有该功能，在拍摄时多有抖动。

2. 单反相机

除了手机,单反相机也是短视频拍摄比较常用的设备。单反相机具有机身相对较轻、画质更专业、可以交换不同规格的镜头等优势。图 2-2 所示的单反相机可以更换不同的镜头。

图 2-2　单反相机

3. 摄像机

如果需要制作更加专业的短视频,可以使用摄像机。专业摄像机价格昂贵,普通的摄像机也要两万元左右。图 2-3 所示为专业摄像机。

图 2-3　专业摄像机

拍摄短视频还可以使用家用 DV 摄像机,如图 2-4 所示。它小巧、携带方便,其清晰度和稳定性都很高。

图 2-4　家用 DV 摄像机

2.1.2 灯光设备

摄影是光影的艺术，灯光造就了影像画面的立体感，是拍摄中的基本要素。在短视频拍摄中，常用的灯光设备是伞灯、柔光灯和直播美颜灯。

1. 伞灯

将不同质地和规格的反光伞装在闪光灯上方，就成为伞灯，如图 2-5 所示。其特点是发光面积大，光线柔和，反差弱。

2. 柔光灯

在闪光灯上加上柔光罩，就成为柔光灯，如图 2-6 所示。其特点是照明均匀且充足，光线柔和。

图 2-5 伞灯   图 2-6 柔光灯

3. 直播美颜灯

直播美颜灯分为小型美颜灯和落地美颜灯两种。

小型美颜灯售价比较低，一般在几十元左右。可以用它实现镜头画面补光、镜头画面美颜，还可以自由调节镜头画面的亮度。

落地美颜灯售价在 200～300 元之间，可以直接连接金属云台和手机架，释放主播的双手，让主播直播、自拍两不误。图 2-7 所示为落地美颜灯。

图 2-7　落地美颜灯

2.1.3　辅助器材

拍摄短视频的辅助器材很多，常用的有三脚架、无人机、稳拍器等。

1. 三脚架

三脚架主要用来防震，如果不使用三脚架而直接用手移动相机，很容易出现画面抖动的情形。特别是在光线比较弱的情况下，无法保证手持状态下照片的清晰度。这时候，三脚架的作用就体现得淋漓尽致。在拍摄夜景、微距照片的时候，三脚架的用处也很大。图 2-8 所示为三脚架。

图 2-8　三脚架

选购三脚架时，应注意三脚架的自重、体积、关节处的收缩方式和负重等情况。另外，一味地强调便携性而选择太小、太轻的三脚架，会因为稳定性不够而无法正常使用。

图2-9　无人机

2．无人机

在拍摄短视频，特别是风景类视频时，经常需要使用航拍无人机进行拍摄。比如，从高空俯拍就需要用到航拍无人机。无人机如图2-9所示。

3．稳拍器

稳拍器最大的作用是让视频画面更清晰、不抖动。当拍摄户外运动画面时，目标物体的运动速度很快，拍摄器材要跟随目标物体运动。如果拍摄者手持拍摄设备，拍摄出来的画面会抖动得非常厉害，用户在观看时很容易头晕烦躁，影响短视频的完播率。在拍摄设备上安装稳拍器可以很好地解决这个问题。图2-10所示为利用手持稳拍器拍摄。

图2-10　利用手持稳拍器拍摄

2.2　短视频拍摄必备技能

作为短视频创作者，你是不是总感觉自己拍摄的视频比别人拍摄的差一点点？其实这是缺少一些技巧的缘故，下面介绍短视频拍摄时必备的技能。

2.2.1　拍摄中景别的运用

景别是指由于摄像机与被拍摄主体的距离不同，被拍摄主体在画面中所呈现的范围大小的区别。一般将景别分为五种，由近至远分别为特写、近景、中景、全景、远景。

1．特写

特写是指拍摄人物脸部或放大物体某个局部的画面。特写镜头中被拍摄主体充满画面，比近景更加接近观众。

特写取景范围小，画面内容比较单一，一般是单一物体或者物体的局部，形成清晰的视觉形象，达到强调的效果。

2．近景

近景是指拍摄人物胸部以上或者物体局部的画面。近景主要用来表现人物的面部表情，传达人物的内心世界，是刻画人物性格较有利的景别。

近景人像与特写相比能在画面中包括一些周围的背景。这些背景可以美化整体画面。

3．中景

中景是指拍摄人物膝盖以上的部分或者局部环境的画面。中景既表现了人物的表情，又展示了人物所处的环境。由于拍摄范围的扩大，被拍摄主体除面部表情外，其手臂等人体形态也会对画面的效果产生影响，使画面的构图形式更加丰富，同时由于画面的景别进一步扩大，背景的内容也会相应增加。

4．全景

全景是指拍摄人物全身形象或者场景全貌的画面，体现了场景和人物形象的完整性，多用于塑造人物形象和交代场景。全景主要突出画面主体的整体面貌，全景拍摄的画面会有一个比较明确的视觉中心。

5．远景

远景是指拍摄远距离的人物和景物，表现广阔深远景象的画面。远景重在渲染气氛，常用于介绍环境，显示人物的处境，或者表现一定的意境。

2.2.2　拍摄中光线的运用

光线不仅能够照亮环境，还能通过不同的强度、色彩和角度来呈现场景，影响短视频画面的呈现效果。因此，短视频创作者要对光线的运用有一个全面的了解。在光线处理中，通常将光线分为顺光、侧光、逆光、顶光、反射光等。

1．顺光

顺光也称为正面光或前光，顺光的光线方向与拍摄方向是一致的。顺光拍摄时，被拍摄主体正面受到均匀的照明，正面往往比较明亮。顺光拍摄如图 2-11 所示。

图 2-11　顺光拍摄

但顺光拍摄难以表现被拍摄主体的立体感和质感，容易导致画面平淡、对比度低，缺乏光影变化和影纹层次。

2．侧光

侧光是一种表现被拍摄主体的立体感和质感的光线。侧光是几种基本光线中最能表现层次、线条的光线。侧光主要应用于需要表现强烈的明暗反差或者展现物体轮廓造型的拍摄场景中。侧光最适宜拍摄建筑、雕塑等主体，如图 2-12 所示。

图 2-12　侧光拍摄

3．逆光

逆光指光线的方向与拍摄方向正好相反，逆光拍摄时由于光源位于被拍摄主体之后，光源会在被拍摄主体的边缘勾画出一条明亮的轮廓线，如图 2-13 所示。

逆光拍摄具有极强的艺术表现力，能够产生很强的视觉冲击力。在逆光拍摄中，由于黑暗部分占比较大，画面中很大一部分被阴影所掩盖，被拍摄主体以简洁的线条呈现在画面之中，给人以强烈的视觉冲击，从而产生较强的艺术造型效果。

4．顶光

顶光是指光线从被拍摄主体的顶部照射下来。在拍摄风光题材时，顶光更适合表现平坦的景物。如果顶光运用恰当，可以为画面带来饱和的色彩和丰富的画面细节，如图 2-14 所示。

图 2-13　逆光拍摄

图 2-14　顶光拍摄

5. 反射光

反射光是指光源所发出的光线，不是直接照射被拍摄主体，而是先对着具有一定反光能力的物体（反光体）照明，再由反光体的反射光对被拍摄主体进行照明。图 2-15 所示效果就是由反射光实现的。

图 2-15　由反射光实现的拍摄效果

2.2.3　拍摄中景深的运用

在拍摄时，焦点位置的景物是最清晰的，但实际上，清晰并非一个绝对的概念。焦点前后一定距离内的景物也可以是很清晰的，这个前后范围的总和，就称为景深，也就是说这个范围内的景物，都能清晰地辨别。

浅景深的作品，只有焦点部分会清晰地显示，景深外的地方显得十分模糊。浅景深常被用来拍摄人像或静物，可把前景和背景分离，更好地突出主体，如图 2-16 所示。

图 2-16　浅景深作品

深景深的作品，所有景物都十分清晰。深景深一般适合用来拍摄风景，如图 2-17 所示。

图 2-17　深景深作品

景深是由下面三个因素决定的。

（1）光圈大小：光圈越大，景深越短；光圈越小，景深越长。

（2）镜头焦距的长短：焦距越长，景深越短；焦距越短，景深越长。

（3）离被拍摄主体的距离：距离越近，景深越短；距离越远，景深越长。

2.2.4　拍摄高度的运用

拍摄高度是指摄像机与被拍摄主体水平线之间的距离。根据拍摄高度的不同，拍摄可以分为平拍、仰拍和俯拍。

1．平拍

平拍即摄像机的高度与被拍摄主体的高度位于同一水平线上，这一拍摄高度符合人们的正常视觉习惯，拍摄出的作品具有正常的透视关系和结构形式，给观众以身临其境的感觉。平拍是使用较多的一种拍摄角度，平拍作品如图 2-18 所示。

图 2-18　平拍作品

不过平拍时，前后景物容易重叠遮挡，难以展现大纵深的景物和空间层次。

2．仰拍

仰拍是指摄像机处于被拍摄主体之下，由下向上拍摄被拍摄主体。图 2-19 所示为仰拍作品。仰拍垂直线条的被拍摄主体时，线条向上汇聚，被拍摄主体被夸张，显示出高大、雄伟的视觉效果。

3．俯拍

俯拍是指摄像机高于被摄主体，从高处向低处拍摄。图 2-20 所示为俯拍的建筑群体。

在展示场景内的景物层次、规模，表现整体气氛和宏大的气势时，俯拍效果极佳。俯拍人物时，拍摄出来的画面，会让观众产生一种被拍摄人物低微、陷入困境、软弱无力、压抑、低沉的感觉。

图 2-19　仰拍作品

图 2-20　俯拍的建筑群体

拍摄城市整体风光，可以站在高楼大厦的高层向下拍摄。拍摄山区农村风光，可以到山坡高处向下拍摄。不过现在可以使用无人机航拍。

2.2.5 画面构图方式的运用

对于拍摄者来说，掌握好构图的基本规律，并能在拍摄时合理运用是非常必要的。下面讲述拍摄时的基本构图技巧。

1. 横式构图

横式构图是将被拍摄主体横向排列的构图方式。横幅画面（画面底边较长）强调的是水平面元素，展示的是画面的横向宽广，这种构图方式给人一种稳定、可靠的感觉。图 2-21 所示为横式构图作品。

图 2-21　横式构图作品

2. 竖式构图

竖式构图是将被拍摄主体竖立放置的构图方式。竖立放置的被拍摄主体往往显得高大、挺拔。在竖式构图作品中，欣赏者的视线可以上下移动，可以把画面中、上、下部分的内容联系起来。图 2-22 所示为竖式构图作品。

3. 对角线构图

对角线构图是将被拍摄主体沿对角线排列的构图方式。对角线构图使画面产生了极强的动势，表现出纵深的效果，引导人们的视线到对角线的深处。图 2-23 所示为对角线构图作品。跟传统的横式构图和竖式构图相比，对角线构图给人更活泼的感觉。

图 2-22　竖式构图作品

图 2-23　对角线构图作品

4．黄金分割法构图

黄金分割是一种数学比例关系，即将整体一分为二，整体与较大部分之比为 1：0.618，即长段为全段的 0.618 倍。0.618 被公认为是最具有审美意义的比例数字，因此被称为黄金分割比。"井"字构图就是常见的黄金分割的例子。

如图 2-24 所示，A、B、C、D 4 条线相交的区域就是黄金分割区域，画面的主体或分割线可以被安排在 4 个交点或 4 条线附近。

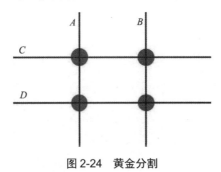

图 2-24　黄金分割

在黄金分割法构图的过程中，还应该考虑主体与陪体之间的呼应，同时，还要考虑影调、光线处理、色彩的表现等。图 2-25 所示为黄金分割法构图作品。

图 2-25　黄金分割法构图作品

5．对称式构图

对称式构图是指作品中的画面以一个点或一条线为中心呈现出对称关系。对称式构图在视觉上呈现出一种平衡的画面。对称式构图具有均匀、整齐、稳定、相呼应的特点，但表现呆板、缺少变化。为了防止出现这种呆板的表现形式，我们常常会在对称中构建一点点的不对称。图 2-26 所示为对称式构图作品。

图 2-26   对称式构图作品

6．S 形曲线构图

曲线构图是将被拍摄主体沿曲线排列的构图方式。曲线可以是规则曲线，也可以是不规则曲线，比如对角式曲线、S 形曲线、横式曲线、竖式曲线等。

S 形曲线构图是曲线构图中使用较多的一种构图形式。S 形曲线是最具有美感的线条元素，它具有较强的视觉引导作用，使得画面更加生动、活泼。观众的视线随着 S 形曲线向纵深延伸，可有力地表现场景的纵深感。图 2-27 所示为 S 形曲线构图作品。

图 2-27   S 形曲线构图作品

7．C 形曲线构图

C 形曲线是一种动感的线条，以 C 形曲线来构图，会使画面饱满。一般而言，被拍摄主体安排在 C 形曲线的缺口处，使人的视觉随着弧线推移到被拍摄主体。C 形曲线构图在工业、建筑题材上使用较多。图 2-28 所示为 C 形曲线构图作品。

图 2-28　C 形曲线构图作品

8. 圆形构图

圆形构图是指画面中的主体呈圆形。圆形构图在视觉上给人以旋转、运动的感觉。图 2-29 所示为圆形构图作品。

图 2-29　圆形构图作品

在圆形构图中，如果出现一个集中视线的圆点，那么整个画面将以这个圆点为中心产生强烈的向心力。

圆形构图规定了作品的视觉对象与范围，同时，它将作品从其环境中分离出来，成为一个突出的中心。

2.3 短视频脚本的编写

短视频脚本是短视频创作的关键，是短视频的拍摄大纲和要点规划，用于指导整个短视频的拍摄和后期剪辑，具有统领全局的作用。

2.3.1 短视频脚本的分类

短视频脚本分为拍摄提纲、分镜头脚本和文学脚本三类。脚本类型可以依照短视频的拍摄内容而定。

1. 拍摄提纲

拍摄提纲相当于为短视频搭建一个基本框架。在短视频拍摄之前，将需要拍摄的内容罗列整理出来，类似于提炼文章的主旨。这种类型的脚本更适合用于纪录片的拍摄。

提前选好大致方向，在拍摄过程中可以根据实际情况做灵活处理。编写短视频拍摄提纲常用的步骤如下。

（1）明确选题、立意和创作方向，确定明确的创作目标。

（2）呈现选题的角度和切入点。

（3）阐述不同题材的表现技巧、创作手法。

（4）阐述短视频的风格、节奏、构图、光线。

（5）详细地呈现场景的转换、结构、视角和主题。

（6）完善细节，补充剪辑、音乐、解说、配音等内容。

2．分镜头脚本

分镜头脚本一般包括镜号、分镜头长度、画面、景别、人物、台词等内容。具体内容要根据短视频的故事情节而定。分镜头脚本要求十分细致，每一个分镜头脚本会将视频中的每一个画面都描述出来，包括对镜头的要求也会一一列出来。

分镜头脚本对视频的画面要求较高，更适合一些微电影类的短视频。这种类型的短视频由于故事性强，对视频更新周期没有严格限制，创作者有大量的时间和精力去策划，因此完全可以使用分镜头脚本，这样既能满足严格的拍摄要求，又能提高拍摄画面的质量。

3．文学脚本

文学脚本是指在拍摄提纲的基础上添加一些细节内容，以丰富完善脚本。文学脚本更加灵活，它会将拍摄中的可控因素罗列出来，而将不可控因素用来随机应变。因此在时间和效率上都大大提高，特别适合一些直接表演的短视频，如教学视频、测评视频等。

2.3.2　如何写短视频脚本

三类脚本分别适用于不同类型的短视频，但并没有具体地划分哪类脚本适合哪些短视频。短视频策划时脚本追求的是内容尽可能丰富完整，化繁为简。因此很多人在策划短视频时并非严格按照每类脚本的要求进行脚本写作。

1．主题定位

每一个短视频都有它想要表达的主题。在创作脚本时，首先要确定要表达的主题，再开始短视频创作。

2．框架搭建

有了基本的主题，接下来的工作就是框架搭建。在这一环节中，人物关系、场景、故事线索都要设定完成。

3．场景设置

拍摄地点非常重要，要拍摄的是室内场景还是室外场景，这都需要提前确定好。比如，野生美食类短视频就要选择在青山绿水的地方拍摄。

4．背景音乐

配合场景选择合适的音乐非常关键，不但能增强短视频画面传递的感情，还能让短视频更有代入感，调动观众的情绪，满足用户视觉与听觉上的享受。比如，拍摄运动风格的短视频就要选择鼓点节奏音乐，拍摄育儿短视频可以选择轻音乐。

5．故事线索

故事情节怎么发展，是按时间先后的顺序叙述，还是用倒叙的方式发展。

6．台词

台词是为镜头表达准备的，起到画龙点睛的作用。建议 60 秒的短视频，不要让台词超过 180 个字，不然听起来会特别累。

7．影调运用

什么情绪的主题配什么情绪的影调。如果没有情绪表达，那么这个短视频就只能是失败的作品。

8．道具

拍摄短视频可以选择的道具多种多样，但是需要注意的是，道具只起到画龙点睛的作用，不能画蛇添足。

2.4　练习题

1．填空题

（1）在短视频拍摄中，常用的灯光设备有＿＿＿＿＿＿＿＿、＿＿＿＿＿＿＿＿、＿＿＿＿＿＿＿＿。

（2）拍摄短视频的辅助器材很多，常用的有＿＿＿＿＿＿＿＿、＿＿＿＿＿＿＿＿、＿＿＿＿＿＿＿＿。

（3）景别是指由于摄像机与被拍摄主体的距离不同，被摄者在画面中所呈现出的范围大小的区别。一般将景别分为 5 种，由近至远分别为＿＿＿＿＿、＿＿＿＿＿、＿＿＿＿＿、

_____、_____。

（4）在光线处理中，通常将它分为_____、_____、_____、_____、
_____。

（5）拍摄高度是指摄像机与被拍摄主体水平线之间的距离。根据拍摄高度的不同，拍
摄可以分为_____、_____、_____。

2．简答题

（1）在拍摄短视频的时候要准备哪些常见的拍摄设备？

（2）什么是景深？景深的决定因素有哪些？

（3）常见的画面构图方式有哪些？

（4）编写短视频拍摄提纲的步骤有哪些？

（5）短视频脚本的常见分类有哪些？如何写短视频脚本？

第 **3** 章

短视频后期剪辑制作

拍摄完短视频后，需要使用视频制作软件对拍摄的视频进行编辑，并添加音乐、文字、特效等，才能创作出优质的短视频。本章将介绍短视频制作软件的使用，包括常用的移动端视频剪辑工具和常用的 PC 端视频剪辑工具的使用。

学习目标：

- ♫ 掌握常见短视频剪辑工具
- ♫ 掌握使用剪映进行视频剪辑
- ♫ 掌握使用快剪辑导入与编辑视频的方法
- ♫ 掌握使用爱剪辑软件编辑视频的方法

3.1 常见短视频剪辑工具

通过各类视频后期编辑工具，创作者能够轻松实现短视频的编辑与剪辑、添加字幕、添加音频等操作。下面介绍常用的短视频后期编辑工具，包括常用的移动端视频剪辑工具和 PC 端视频剪辑工具。

3.1.1 常用的移动端视频剪辑工具

常用的移动端视频剪辑工具有快影、剪映、快剪辑、巧影、VUE Vlog、小影等，如图 3-1 所示。

快影   剪映   快剪辑

巧影 VUE Vlog 小影

图 3-1　常用的移动端视频剪辑工具

1．快影

快影是快手公司旗下一款简单易用的视频剪辑和制作工具，可以用来编辑制作各类短视频，功能强大，操作简单。

2．剪映

剪映是一款视频剪辑工具。使用剪映工具能够轻松地对视频进行各种编辑，包括添加音乐、卡点、各种特效，以及专业的滤镜、丰富的贴纸资源等。即使初学者，也能利用这款工具制作出自己心仪的短视频。

3．快剪辑

快剪辑是 360 公司旗下的一款视频剪辑工具，操作简单，可以边看边编辑。既有 PC 端快剪辑，也有移动端快剪辑。快剪辑工具可以帮助用户快速制作出爆款的短视频作品。

4．巧影

巧影能为用户提供丰富的视频层、图片层和文字层等，同时拥有精准编辑、一键抠图、多层视频、多倍变速等功能。

5．VUE Vlog

VUE Vlog 是一款实用性很强的短视频拍摄和剪辑 App，电影式画幅和滤镜是它的一大特色。它还拥有自然的美颜功能和有趣的贴纸功能。VUE Vlog 在制作 Vlog 方面真的很专业，利用 Vlog 模板可以快速制作出高质量的 Vlog。

6．小影

小影是一款集视频拍摄与视频编辑功能于一体的软件。使用它可以轻松地对视频进行修剪、变速和配乐等操作。

3.1.2 常用的 PC 端视频剪辑工具

常用的 PC 端视频剪辑工具有 Premiere、会声会影、爱剪辑，如图 3-2 所示。

图 3-2 常用的 PC 端视频剪辑工具

1．Premiere

Premiere 是由 Adobe 公司开发的一款常用的视频编辑软件，是视频编辑爱好者和专业人士必不可少的视频编辑工具。Premiere 有较好的兼容性。Premiere 被广泛应用于电视节目制作、自媒体视频制作、广告制作、视觉创意等领域。Premiere 因其强大的视频编辑功能而备受用户的青睐。

2．会声会影

会声会影是一款功能强大的视频编辑软件。会声会影具有图像抓取和编辑功能，可导出多种常见的视频格式，甚至可以直接将视频刻录到 DVD 和 VCD 中。

3．爱剪辑

爱剪辑是一款功能强大的视频剪辑软件，操作简单，支持给视频添加字幕、调色、添加相框等剪辑功能。爱剪辑界面非常人性化，初学者可以快速学会视频剪辑，无须花费大量的时间学习。

3.2 使用剪映进行视频剪辑

使用剪映 App 能够轻松地对视频进行各种编辑操作。

3.2.1 认识界面

下面介绍剪映 App 界面，使读者对剪映 App 有初步的认识。

（1）打开剪映 App，点击界面中的"开始创作"按钮，然后导入素材，进行创作，如图 3-3 所示。

图 3-3 剪映 App 界面

（2）"开始创作"按钮下面是"剪辑草稿"和"模板草稿"，如图 3-4 所示。"剪辑草稿"用来保存剪辑未完成的作品，"模板草稿"用来保存使用模板未完成的作品。

（3）利用"管理"功能，可以删除或者修改之前制作的视频项目，如图 3-5 所示。

图 3-4　"剪辑草稿"和"模板草稿"

图 3-5　"管理"功能

（4）点击右上角的设置按钮，打开图 3-6 所示的界面，在该界面中可以自动添加片尾，查看意见反馈、用户协议、隐私条款和版本号。

（5）导入视频后，打开如图 3-7 所示的视频剪辑界面，左上方的按钮就是关闭按钮，右上方有两个按钮，一个是用来放大的按钮，另一个是"导出"按钮。

图 3-6　设置界面

图 3-7　视频剪辑界面

中间就是预览框，再往下就是时间轴，时间轴显示当前时间与总时长。

最底下是"剪辑""音频""文字""贴纸""画中画"等功能栏。利用功能栏可以对视频进行基础操作，包括分割、变速、旋转、倒放等，还可以设置丰富的文本样式和特效。

3.2.2　添加贴纸

通过剪映可以在视频中添加贴纸，这样可以让视频变得更有特色、更美观，具体操作步骤如下。

（1）打开剪映 App，导入视频素材，点击底部的"贴纸"选项，如图 3-8 所示。

（2）可以看到有很多贴纸类型，这里点击"图片"按钮，添加手机里的照片作为贴纸，如图 3-9 所示。

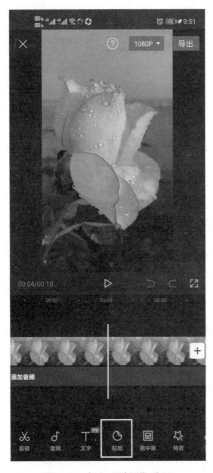

图 3-8　点击"贴纸"选项

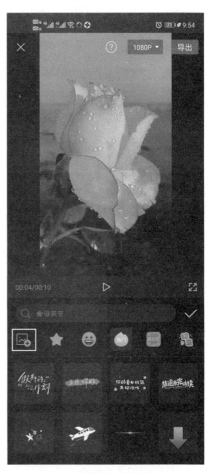

图 3-9　点击"图片"按钮

（3）弹出"照片视频"界面，从中选择想要添加的照片，如图 3-10 所示。

（4）即可添加图片到视频中，如图 3-11 所示。

（5）可以缩放移动贴纸，以达到最佳效果，如图 3-12 所示。

（6）还可以选择其他贴纸，点击即可添加相应的贴纸，如图 3-13 所示，添加完成后点击"导出"按钮即可。

图 3-10　选择照片

图 3-11　添加图片到视频中

图 3-12　缩放移动贴纸

图 3-13　添加其他贴纸

3.2.3 添加花字

有趣的视频内容加上适当的花字可以让文字效果更加生动有趣。下面讲述如何使用剪映添加花字，具体操作步骤如下。

（1）打开剪映 App，添加视频文件后，即可进入视频编辑界面，点击底部的"文字"选项，如图 3-14 所示。

（2）点击底部的"新建文本"选项，如图 3-15 所示。

图 3-14 点击"文字"选项   图 3-15 点击"新建文本"选项

（3）在打开的界面中出现"输入文字"文本框，如图 3-16 所示。

（4）输入文字"宁园的秋天"，点击"花字"选项，如图 3-17 所示。

（5）在界面中选择一种相应的花字样式，然后点击"√"按钮，如图 3-18 所示。

（6）添加花字成功，如图 3-19 所示，点击右上角的"导出"按钮即可导出视频。

图 3-16 "输入文字"文本框

图 3-17 输入文字

图 3-18 选择相应的花字样式

图 3-19 添加花字成功

3.2.4　使用变声功能

剪映 App 提供了丰富的特效，通过它还可以进行各种视频音效变声。怎样通过剪映给视频变声呢？具体操作步骤如下。

（1）打开剪映 App，添加视频后，点击底部的"剪辑"选项，如图 3-20 所示。

（2）点击底部的"变声"选项，如图 3-21 所示。

图 3-20　点击"剪辑"选项

图 3-21　点击"变声"选项

（3）在底部可以看到有多个选项，如"大叔""萝莉""女生""男生"等，如图 3-22 所示。

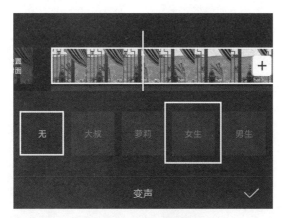

图 3-22　选择变声效果

（4）根据视频选择自己想要的变声效果即可，这里选择"女生"，如图 3-23 所示，点击右下角"√"按钮，点击右上角"导出"按钮即可。

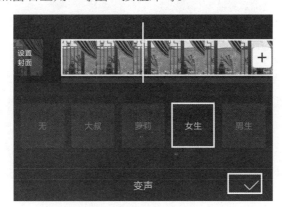

图 3-23　选择"女生"

3.2.5　制作慢放视频

如果想将视频放慢，应该怎么操作呢？下面使用剪映制作放慢视频。

（1）打开剪映 App，导入视频素材，点击底部的"剪辑"选项，如图 3-24 所示。

（2）在剪辑功能里面可以看到"变速"选项，点击"变速"选项即可，如图 3-25 所示。

图 3-24　点击"剪辑"选项

图 3-25　点击"变速"选项

（3）根据自己的需求，选择"常规变速"或"曲线变速"，这里选择"常规变速"，如图 3-26 所示。

（4）打开如图 3-27 所示的界面，调整视频的播放速度，调整完毕后点击最下方的"√"按钮，即可成功调整视频速度。

（5）如果想调整曲线变速，点击"曲线变速"选项即可，调整完毕，点击右下角的"√"按钮即可，然后点击右上角的"导出"按钮导出该视频，如图 3-28 所示。

图 3-26 选择"常规变速"

图 3-27 调整播放速度

图 3-28 曲线变速

3.2.6 自动添加歌词

通过剪映剪辑视频的时候,用手机输入歌词不太方便,怎样使用剪映自动添加歌词呢? 使用剪映自动添加歌词的具体操作步骤如下。

(1)打开剪映 App,导入视频素材,点击底部的"剪辑"选项,接着点击"添加音频"选项,如图 3-29 所示。

(2)在视频编辑界面中,点击"音乐"选项,如图 3-30 所示。

(3)打开"添加音乐"界面,选择想要添加的音乐,点击右侧的↓按钮,如图 3-31 所示。

(4)即刻出现"使用"按钮并点击它,如图 3-32 所示。

图3-29 点击"添加音频"选项

图3-30 点击"音乐"选项

图3-31 添加音乐

图3-32 点击"使用"按钮

（5）即可添加音乐，点击底部的 ⟨ 按钮，如图 3-33 所示。

（6）点击底部的"文字"选项，如图 3-34 所示。

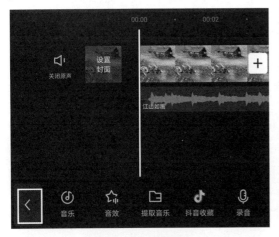

图 3-33　点击 ⟨ 按钮

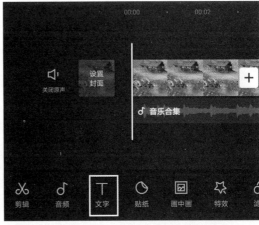

图 3-34　点击"文字"选项

（7）点击"识别歌词"选项，如图 3-35 所示。

（8）在弹出的对话框中点击"开始识别"按钮，如图 3-36 所示。

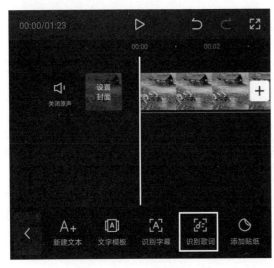

图 3-35　点击"识别歌词"选项

图 3-36　点击"开始识别"按钮

（9）自动生成歌词后的视频效果，如图 3-37 所示。

图 3-37　自动生成歌词后的视频效果

3.3　使用快剪辑软件导入与编辑视频

　　使用快剪辑可以更加快速高效地完成视频剪辑操作，还可以添加特效字幕、水印签名等。

　　使用快剪辑可以导入视频，并对视频进行剪辑、添加二维码等操作，具体操作步骤如下。

　　（1）启动快剪辑软件，在"添加剪辑"选项卡中单击"本地视频"按钮，如图 3-38所示。

　　（2）在弹出的对话框中选择视频素材，单击"打开"按钮，如图 3-39所示。

图 3-38 单击"本地视频"按钮

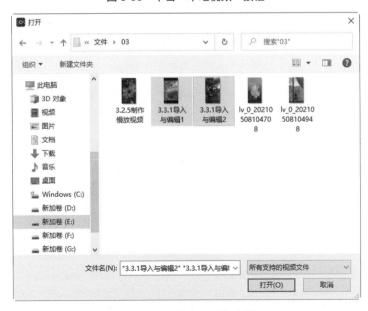

图 3-39 选择两个视频素材

（3）此时，即可将选择的视频素材添加到快剪辑中，如图 3-40 所示。

图 3-40　添加视频素材

（4）将视频依次拖至下方的时间轴的视频轨上，如图 3-41 所示。

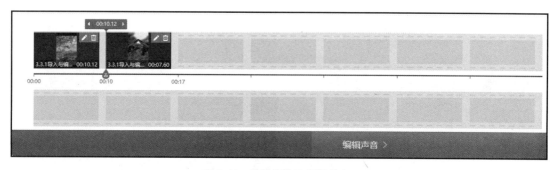

图 3-41　将视频拖至视频轨上

（5）单击"编辑声音"按钮，在"添加音乐"下面单击"运动燃曲"选项卡，找到所需的音乐后单击 使用 按钮，如图 3-42 所示。

（6）在"音乐"区中勾选"循环"复选框，如图 3-43 所示。

（7）单击"音乐"区中的"音量"按钮 🔊，拖动滑块可以调整音量，如图 3-44 所示。

（8）单击右上角的"添加本地音乐"按钮，可以添加本地音乐，如图 3-45 所示。

（9）单击底部的"保存导出"按钮，即可导出视频。

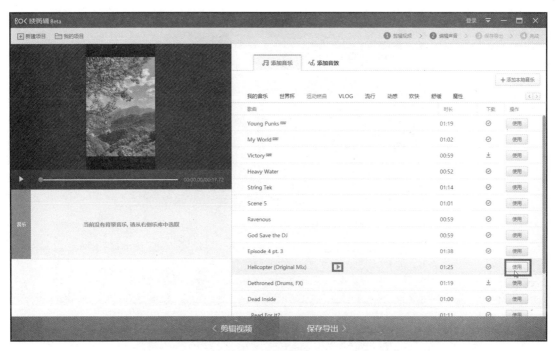

图 3-42　添加音乐

图 3-43　勾选"循环"复选框

图 3-44　调整音量

图 3-45　添加本地音乐

3.4 使用爱剪辑软件编辑视频

爱剪辑是一款功能强大的视频剪辑软件，操作简单，支持给视频加字幕、调色、加相框等。

3.4.1 导入与修剪视频

使用爱剪辑导入与修剪视频的具体操作步骤如下。

（1）打开爱剪辑软件，在主界面单击"添加视频"按钮，如图 3-46 所示。

图 3-46 单击"添加视频"按钮

（2）弹出"请选择视频"对话框，如图 3-47 所示，选择视频素材，单击"打开"按钮。

（3）弹出"预览/截取"对话框，如图 3-48 所示，设置截取的开始时间和结束时间，然后单击"确定"按钮。

图 3-47　"请选择视频"对话框

图 3-48　"预览/截取"对话框

（4）即可将视频导入主界面中，如图 3-49 所示。

图 3-49　导入视频

（5）在视频列表中选择视频，将视频设置为静音，然后单击"确认修改"按钮，如图 3-50 所示。

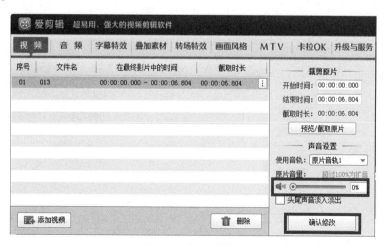

图 3-50　设置为静音

（6）添加视频后，在"音频"面板单击"添加音频"按钮，在弹出的列表中，根据自己的需要选择"添加音效"或"添加背景音乐"，如图 3-51 所示。这里选择"添加背景音乐"，

在弹出的对话框中选择背景音乐文件，如图 3-52 所示，即可快速为要剪辑的视频配上背景
音乐，如图 3-53 所示。

图 3-51　单击"添加音频"按钮

图 3-52　选择背景音乐文件

图 3-53　为视频配上背景音乐

（7）剪辑完成后，单击"保存所有设置"按钮，如图 3-54 所示。

图 3-54　单击"保存所有设置"按钮

（8）在弹出的对话框中选择保存路径，输入文件名，如图 3-55 所示，单击"保存"按钮。

图 3-55　保存文件

（9）弹出提示框，单击"确定"按钮，如图 3-56 所示。

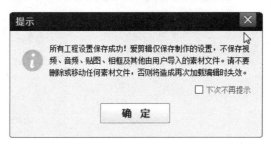

图 3-56　成功保存

3.4.2　添加字幕

字幕特效分为字幕出现时的特效（"出现特效"）、字幕停留时的特效（"停留特效"）、字幕消失时的特效（"消失特效"）三种形式。爱剪辑除了提供齐全的常见字幕特效，还提供了大量各具特色的高级特效，也可通过"特效参数"栏目的个性化设置，实现更多字幕特效。

使用爱剪辑为视频添加字幕的具体操作步骤如下。

（1）在主界面选择"字幕特效"选项卡，如图 3-57 所示，然后在视频预览画面中双击。

图 3-57　选择"字幕特效"选项卡

（2）在弹出的对话框中输入文字"美丽的草原"，如图 3-58 所示，还可以配上音效，单击"确定"按钮。输入文字后的效果如图 3-59 所示。

图 3-58　输入文字

图 3-59　输入文字后的效果

（3）爱剪辑自带各类效果精美的专业字库。在视频预览框左侧"字体设置"栏目中的字体下拉列表中，可以选择喜欢的字体。除了设置字体，在"字体设置"栏目中还可以对字幕大小、排列方式、字幕颜色、阴影、描边、透明度等进行设置，如图 3-60 所示。

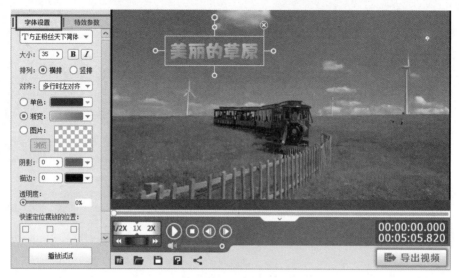

图 3-60　设置字体

（4）在"字幕特效"列表中选择"缤纷秋叶"特效，预览字幕效果，如图 3-61 所示。

图 3-61　设置字幕特效

（5）若要删除字幕特效，在界面右下部选择字幕特效，单击"删除"按钮，如图 3-62 所示。插入的字幕可以按 Ctrl+C 组合键和 Ctrl+V 组合键分别进行复制和粘贴操作。

图 3-62　删除字幕特效

（6）在视频预览框左侧的"特效参数"栏目中，可对字幕的特效时长进行设置，如图 3-63 所示。"特效时长"越短，速度越快；"特效时长"越长，速度越慢。同时，该设置决定了字幕持续时长。譬如，"出现时的字幕"的"特效时长"为 1 秒，"停留时的字幕"的"特效时长"为 1 秒，"消失时的字幕"的"特效时长"为 1 秒，则该字幕持续时长为 3 秒。

图 3-63　设置特效时长

3.4.3 添加画面风格

可以通过爱剪辑的"画面风格"选项卡为视频一键添加或梦幻或绚丽的炫光特效，对视频进行快速调色、放大或缩小视频、旋转视频。添加画面风格的具体操作步骤如下。

（1）打开视频文件后，在界面顶部选择"画面风格"选项卡。该选项卡中有"画面""美化""滤镜""动景"四个栏目。在"画面风格"面板左侧选中需要的栏目，在相应栏目下，选中要添加的画面风格。单击"添加风格效果"按钮，在弹出的列表中选择"为当前片段添加风格"，如图3-64所示。

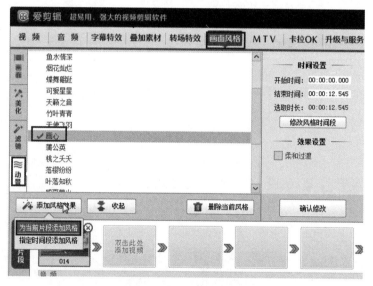

图 3-64　添加画面风格

（2）这里选择"画心"风格，即可在视频预览区域为视频添加"画心"效果，如图3-65所示。

（3）在面板左侧选中"滤镜"栏目，选择"重叠画中画"风格，单击"添加风格效果"按钮，在弹出的列表中选择"为当前片段添加风格"，如图3-66所示。

（4）设置效果参数，单击"确认修改"按钮，在视频预览区域可以预览效果，如图3-67所示。

（5）在面板左侧选中"画面"栏目，可以为视频添加多种"位置调整"或"画面调整"效果，如图3-68所示。

图 3-65　添加"画心"效果

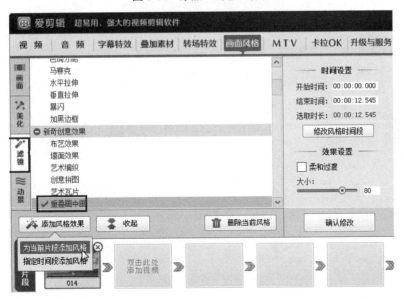

图 3-66　为视频添加"重叠画中画"风格

图 3-67　设置效果参数并预览效果

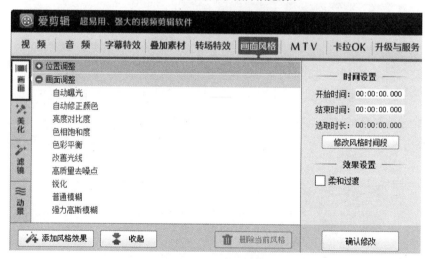

图 3-68　添加画面效果

（6）在面板左侧选中"美化"栏目，可以为视频添加"美颜""人像调整""画面色调""胶片色调"等效果，如图 3-69 所示。

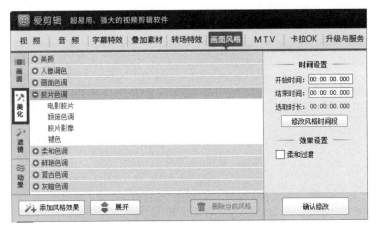

图 3-69　添加美化效果

3.5　练习题

1. 填空题

（1）通过剪映 App 剪辑视频的时候，用手机输入歌词不方便，使用剪映可以＿＿＿＿＿＿＿＿＿＿。

（2）使用快剪辑软件可以导入视频，并对视频进行＿＿＿＿＿＿、＿＿＿＿＿＿等操作。

（3）爱剪辑是一款功能强大的视频剪辑软件，操作简单，支持给视频＿＿＿＿＿＿、＿＿＿＿＿＿、＿＿＿＿＿＿等。

（4）字幕特效分为字幕出现时的特效（＿＿＿＿＿＿）、字幕停留时的特效（＿＿＿＿＿＿）、字幕消失时的特效（＿＿＿＿＿＿）三种形式。

2. 简答题

（1）怎样使用剪映添加贴纸？

（2）怎样使用剪映添加花字？

（3）使用剪映怎么给视频变声呢？

（4）使用快剪辑怎样导入与编辑视频？

第4章

抖音短视频运营

抖音是一款音乐短视频社区平台，是集合了短视频拍摄、音乐创意和直播的短视频社交软件。用户可以通过这款软件选择歌曲，并录制短视频，制作成一个音乐短视频作品。本章主要讲述抖音短视频的运营。

学习目标：

♪ 熟悉抖音短视频平台
♪ 掌握抖音短视频的推荐机制
♪ 掌握如何使用抖音拍摄高质量的短视频
♪ 掌握如何使用爱剪辑
♪ 掌握蓝 V 账号在运营上的特殊之处

4.1 抖音短视频平台

最开始的时候，抖音使用了"潮""酷""时尚"等标签，这个定位让抖音在开始发力时占据了优势，快速聚集了一批以年轻人为主的用户。

4.1.1 平台简介

抖音系列产品包括抖音极速版、抖音火山版、剪映、多闪，如图 4-1 所示。"抖友"（抖音用户的昵称）通过选择歌曲、拍摄视频来完成自己的作品。抖音还集成了镜头、特效、剪辑等功能。

图 4-1　抖音系列产品

抖音上线之初，创作团队仅有几个人，上线不到半年就获得今日头条的投资。抖音不断调整用户体验，增加新的功能，抓住时下热点，让"抖友"始终保持着新鲜感。

随着抖音平台的迅速发展，诞生了一批抖音达人。这些达人不仅仅给抖音带来了丰富多彩的内容，也因为抖音改变了自己的生活。

抖音用户包括内容生产者、内容次生产者、内容消费者三类。

1. 内容生产者

这类用户一般是我们常说的"大 V"用户，他们往往拥有几百万甚至几千万个粉丝。在抖音平台，这类用户在短视频创作上有很高的热情和专业度，会打造个人品牌，也会花精力进行短视频运营。

2. 内容次生产者

这类用户追随内容生产者，通过模仿内容生产者发布的作品创作短视频。他们希望通过短视频平台展示自我。

3．内容消费者

这类用户一般在抖音平台观看精彩的短视频，以打发自己的碎片时间，给生活增添乐趣。

抖音首页的功能大致包括"推荐""同城""关注""朋友""消息""我"等，如图 4-2 所示，在其右侧点击点赞按钮、评论按钮或分享按钮，即可进行相应的操作。从首页来看，进入抖音后自动开始播放短视频，点击视频界面则可以暂停播放，向下滑动屏幕，可以查看更多的短视频内容。

图 4-2　抖音首页

在首页点击"推荐"，"推荐"页显示系统根据用户的喜好或好友名单自动推荐的内容；在"同城"页，用户可以看到周边同城用户的作品；"关注"页汇聚了该账号关注的抖音账号，用户可以看到关注的账号按时间发布的作品；在"朋友"页，用户可以看到朋友发布的短视频作品；"消息"页包含粉丝信息、收到的赞、提到自己的人及对作品的评论；在"我"页，用户可以看到自己的主页、粉丝数量和作品栏。

4.1.2 平台特色

目前抖音已经成为市场上很火爆的短视频平台之一，很多人刷起抖音就会停不下来，那么抖音平台有哪些特色呢?

1．魔性

抖音的视频内容几乎有着共同的特点，它们可以很轻松地吸引用户的关注，通过传递一种神秘的情绪，吸引用户的目光，让用户沉浸其中。

2．时尚潮流

抖音最初的用户定位十分年轻化，风格也十分独特，这意味着他们的用户主流正在从"80 后""90 后"向"00 后"转移。

3．社交功能

在抖音的评论区经常出现一个怪现象，网友的评论有时候比视频本身还要吸引人，因此不要忽视评论区的各种评论，它们也许是为你带来流量的重要口碑。图 4-3 所示为抖音评论。

图 4-3 抖音评论

4．直播

由于网络直播具有双向性，信息不仅可以从主播端传至用户端，也可以从用户端传至主播端，这就实现了用户和主播的即时沟通。

5．热搜和热门话题

用户在首页点击顶部的搜索栏，就可以看到抖音热搜和热门话题。图 4-4 所示为抖音搜索界面和品牌热 DOU 榜。用户可以找到自己感兴趣的短视频观看或制作相关的短视频，增加了社交性和互动性，也让很多短视频和当下热点有相关性。

图 4-4　抖音搜索界面和品牌热 DOU 榜

4.2　抖音的推荐机制

在了解了抖音的运营推荐机制及推荐规则以后，制作的短视频会火的概率就大增。

4.2.1　抖音推荐机制的好处

在抖音平台，哪怕创作者没有任何名气，甚至连一个粉丝也没有，只要在抖音平台发布优质的短视频，平台就会自动分配精准流量给抖音账号，为账号带来大量流量，甚至可以在短时间内吸引百万级别的点赞量，这都依赖于抖音推荐机制。

抖音推荐机制有以下好处。

（1）让每一个有能力产出优质内容的人，得到了跟"大号"公平竞争的机会。

（2）限制了各类低质量的垃圾视频的传播，视频内容不良就会被淘汰。

（3）优质的、垂直定位的视频内容更受用户欢迎，更容易受到抖音平台的大力推荐。

（4）给予优质短视频各种支持政策，使其获得更大的关注度。

4.2.2　抖音推荐机制的原理

抖音的流量分配是去中心化的，这种去中心化算法，让每个短视频都有机会火爆。抖音推荐机制的原理包括以下几方面。

1. 流量池

抖音平台采用去中心化流量分配机制。抖音会给每一个作品分配一个流量池，即使没有任何粉丝，也会获得系统分配的流量。只要视频质量好，在流量池的表现好，平台就会把视频推送给更多的用户。

2. 叠加推荐

叠加推荐是指抖音平台会给新视频分配一定的推荐量。当转发量超过一定的数量，系统就会自动判断这个视频是受欢迎的，会自动对该视频进行加权。

3. 热度加权

热门短视频的完播率、点赞量、评论量、转发量都是很高的。只有经过大量粉丝的点赞、评论、转发，被层层热度加权之后才会进入抖音的推荐内容池，平台就可能自动给 10 万人次推荐量，甚至会给 100 万人次以上的推荐量。

对热度的评判标准包括以下两方面：

（1）热度权重的参考次序：转发量＞评论量＞点赞量。

（2）一个视频的热度维持期为一周，周期特别短，为了让账号获得多而稳定的流量，必须持续稳定地更新内容。

4.2.3 推荐机制的核心

完播率、点赞量、评论量、转发量是抖音推荐算法的核心，下面将详细介绍抖音推荐算法的核心。

（1）完播率。每一个视频能否持续得到推荐，非常重要的因素是用户能否把视频看完。完播率越高，平台系统就推荐得越多。

（2）点赞量。决定视频能否成为热门视频的因素中，点赞量是一个非常重要的参考数据。图 4-5 所示视频的点赞量达到 169.6 万人次。

图 4-5 视频点赞量

（3）评论量。评论视频的人越多，说明视频内容越好。在视频中添加一些互动问题，引导粉丝留言评论，可提升评论量。视频制作者要及时回复用户评论，提炼视频的核心观点，引导更多用户参与到话题讨论中，以提升评论量。

（4）转发量。转发视频的人越多，视频传播的范围就越广，叠加推荐的概率就会增加，如图 4-6 所示。

图 4-6　转发量

4.3　使用抖音拍摄高质量的短视频

如今短视频越来越火爆，在碎片时间刷短视频成为一种流行趋势，那么如何使用抖音拍摄高质量的短视频呢？

4.3.1　选好封面

抖音 App 在默认情况下将第 1 帧画面作为视频封面图。创作者可以根据需要更改视频封面图，具体操作步骤如下。

（1）打开抖音 App 的"草稿箱"界面，点击要编辑的视频，如图 4-7 所示。进入视频编辑界面，点击"下一步"按钮，如图 4-8 所示。

图 4-7　点击要编辑的视频

图 4-8　点击"下一步"按钮

（2）进入"发布"界面，点击封面下方的"选封面"选项，如图 4-9 所示。

图 4-9　点击"选封面"选项

（3）选择要作为封面图的画面，接着输入文字并设置文字样式，然后点击右上角的"保存"按钮，如图 4-10 所示。

（4）返回"发布"界面，可以查看设置的视频封面图，如图 4-11 所示。

图 4-10　选择封面图

图 4-11　查看视频封面图

4.3.2　选择好的音乐

合适的背景音乐可以使视频更生动一些，让你的短视频更加感人。在抖音中为视频添加背景音乐的具体操作步骤如下。

（1）打开抖音 App 的"草稿箱"界面，如图 4-12 所示，点击要编辑的视频。进入视频编辑界面，点击"选择音乐"按钮，如图 4-13 所示。

（2）可以选择推荐的音乐，也可以点击"更多音乐"选项，如图 4-14 所示。

（3）进入"选择音乐"界面，可以选择推荐的音乐，也可以在"歌单分类"右侧点击"查看全部"选项，如图 4-15 所示。

（4）进入"歌单分类"界面，点击"飙升榜"类别，如图 4-16 所示。

（5）通过上下滑动屏幕来查看音乐列表，选择要使用的音乐，然后点击右侧的"使用"按钮，如图 4-17 所示。点击☆按钮，可以收藏音乐。

图 4-12　打开抖音 App 的"草稿箱"

图 4-13　点击"选择音乐"按钮

图 4-14　点击"更多音乐"选项

图 4-15　点击"查看全部"选项

图 4-16　点击"飙升榜"类别　　　　　　图 4-17　点击"使用"按钮

（6）添加完音乐后，进入如图 4-18 所示的界面，点击"剪音乐"按钮 ✂。

图 4-18　点击"剪音乐"按钮

（7）左右滑动声谱以剪取音乐，剪取完成后点击 ✓ 按钮，如图 4-19 所示。

（8）在下方点击"音量"按钮，调整视频原声与配乐的音量大小，如图 4-20 所示。

图 4-19　剪取音乐

图 4-20　调整视频原声与配乐的音量大小

4.3.3　应用滤镜特效

目前滤镜特效已经有近百种。首先用户选择需要添加滤镜特效的画面，然后点击需要的滤镜特效，便能实现一键添加。一段短视频还可以同时添加多种特效。为抖音短视频应用滤镜特效，可以使其获得更加酷炫、更有创意的视觉效果，具体操作步骤如下。

（1）打开抖音 App 的"草稿箱"界面，选择要编辑的视频，如图 4-21 所示。

（2）进入视频编辑界面，点击"特效"按钮，如图 4-22 所示。

（3）进入特效编辑界面，在下方选择一种滤镜特效，拖动黄色滑块确定视频的位置，然后按住需要的特效按钮，如"烟花"特效按钮，开始播放视频并应用特效，效果如图 4-23 所示，松开则停止应用特效。

图 4-21　在"草稿箱"界面选择视频

图 4-22　点击"特效"按钮

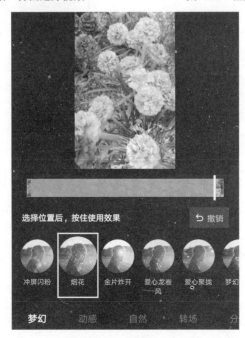

图 4-23　"烟花"特效

4.3.4 应用分屏特效

可以使用抖音分屏特效演绎无限的精彩。应用分屏特效的具体操作步骤如下。

（1）在视频编辑界面中点击"特效"按钮，如图 4-24 所示。

（2）在下方点击"分屏"选项，如图 4-25 所示。

图 4-24　点击"特效"按钮　　　　　图 4-25　点击"分屏"选项

（3）为要应用特效的视频片段应用"黑白三屏"特效，按住"黑白三屏"特效按钮不放即可，效果如图 4-26 所示。

（4）为要应用特效的视频片段应用"六屏"特效，效果如图 4-27 所示。

（5）为要应用特效的视频片段应用"九屏"特效，效果如图 4-28 所示。

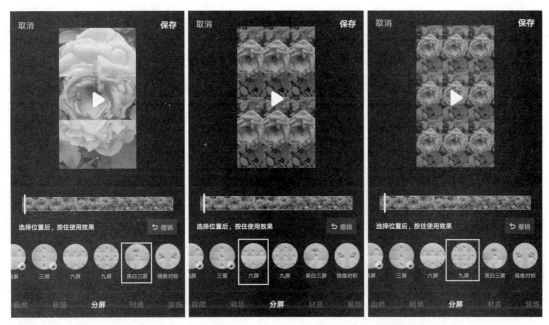

图 4-26 应用"黑白三屏"特效 　图 4-27 应用"六屏"特效 　图 4-28 应用"九屏"特效

4.3.5　应用时间特效

抖音的时间特效包括时光倒流、反复和慢动作三种。应用时间特效的具体操作步骤如下。

（1）在视频编辑界面中点击"特效"按钮，然后在下方点击"时间"，再点击"时光倒流"按钮，即可生成视频回放效果，如图 4-29 所示。

（2）点击"反复"按钮，拖动滑块调整"反复"特效的位置，再次点击"反复"按钮，可以查看反复效果，如图 4-30 所示。

（3）点击"慢动作"按钮，拖动滑块调整慢动作开始时间，再次点击"慢动作"按钮，即可查看慢动作效果，如图 4-31 所示。

图 4-29　点击"时光倒流"按钮　　　图 4-30　点击"反复"按钮　　　图 4-31　点击"慢动作"按钮

4.4　企业蓝 V 账号运营

抖音企业号是为抖音平台中的企业商户打造的营销阵地。抖音企业号经认证后成为抖音蓝 V 账号，即有蓝色的官方认证标识。

4.4.1　蓝 V 账号比个人号拥有更多的特权

一般来说，企业品牌开通抖音号，会选择蓝 V 账号。蓝 V 账号有如下优势。

1. 官方认证标识

企业号认证后拥有的官方蓝 V 标识、企业品牌头像、认证名称都可以提高品牌的权威性。所以企业在注册时一定要将自己的信息注册完整，且保证信息正确。图 4-32 所示为抖音企业号。

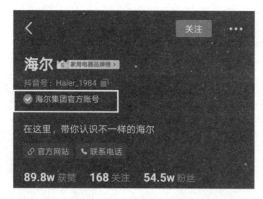

图 4-32　抖音企业号

2．全昵称搜索置顶

企业号经认证后，在全昵称搜索时，能够被置顶推荐，这意味着在茫茫抖音号中第一个就能被准确搜索到。

3．打通多平台

抖音与今日头条、火山小视频多平台打通，平台间身份与权益同步，认证企业号享受三大平台的认证标识和专属权益。已经认证过抖音企业号的企业可以通过账号关联的方式将认证信息同步至另外的平台。

4.4.2　申请蓝 V 账号认证

一个品牌想在抖音入驻，首先需要认证。申请企业号认证的具体操作步骤如下。

（1）进入设置界面，点击"设置"选项，如图 4-33 所示。

（2）进入"设置"界面，点击"账号与安全"选项，如图 4-34 所示。

（3）在"账号与安全"界面，找到并点击"申请官方认证"选项，如图 4-35 所示。

（4）打开"抖音官方认证"界面，点击"企业认证"选项，如图 4-36 所示。

（5）打开"开通企业号"界面，点击"去认证"按钮，如图 4-37 所示。

（6）将准备的资料按要求上传，如图 4-38 所示，然后填写相关的信息，同意并遵守抖音企业号服务协议，就可以申请企业认证。

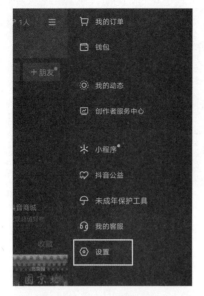

图 4-33 点击"设置"选项

图 4-34 点击"账号与安全"选项①

图 4-35 点击"申请官方认证"选项

图 4-36 点击"企业认证"选项

---

① 截图中"账号"的正确写法应为"账号"。

图 4-37 点击"去认证"按钮

图 4-38 按要求上传资料

4.5 抖音运营技巧

下面介绍抖音运营技巧。

4.5.1 抖音短视频营销趋势

抖音短视频营销具有以下趋势。

1. 短视频营销依然火爆

随着抖音短视频的火爆，短视频迎来了大爆发。有趣、有内容的短视频更加受用户的欢迎，将产品巧妙地植入其中，既不尴尬也不生硬，还能为产品带来一定的曝光率甚至转化率。

2. 用户对内容的要求更高

无论是短视频、自媒体、公众号还是传统的网络广告，对营销内容质量的要求越来越高，单一枯燥、广告性较强的内容必将被逐渐淘汰。

3. 移动化、有趣

移动化、有趣已然成为视频营销必修课，相较于单一讲述品牌故事的广告内容，集声音、动作、表情于一体的短视频更走心，更能够打开用户心扉。

4. 内生广告成风向标

视频广告已经从贴片模式进入内生广告模式。内生广告超脱了传统模式的局限。相比用户体验差的贴片广告和用户感知度不高的植入广告，内生广告是基于内容而衍生的新型广告模式。

5. 高分享性和互动性

短视频广告的高分享性和互动性带来了品牌的病毒性营销，内容足够好玩就会带动自发分享，为品牌与用户沟通的新方式带来了高点击率。

6. 全网营销是必经之路

当前网络营销竞争激烈，单一的网络营销方式已经不能满足企业的需要，视频营销、整合营销就成为他们必争的营销方式。他们将一系列的营销方式整合，从而获得流量的最大化。

4.5.2 写好文案，吸引用户点击

对于短视频创作者来说，视频拍摄技巧是一方面，更重要的是短视频的文案内容。文案是吸引用户点击的最直观的部分，优质的文案决定用户的点击欲望。事实证明，用户最先关注到的是文案。写作抖音短视频文案时应注意以下几点。

1. 从用户的情感切入，引发共鸣

将用户的情绪、感情融入文案，说出其心里话，从而引发用户对内容的共鸣。

2．号召行动，完成转化

任何文案的目的都是让用户行动，如点赞、评论、转发、下单购买等。因此直接号召大家行动，是达成目标最快捷的方式。

3．字数适中

对于抖音短视频来说，文案的字数太少就可能无法准确地展示卖点和文案主题，字数太多则可能会影响用户阅读的耐心。所以，字数要适中，这样才能尽最大可能吸引用户点击。

4．使用标准的格式

抖音短视频文案中的文字是有标准格式的。例如，数字应该写成阿拉伯数字，写作时尽量用中文表达、减少外语的使用等，这样可方便用户阅读。

5．使用修辞手法

除陈述句外，文案中还可以使用反问、对比、夸张、比喻等修辞手法来提高文案的表达效果，从而吸引用户的注意力。

6．合理断句

抖音短视频面向的是更广泛的用户群体，为了使用户能迅速理解文案的意义，最好对文案进行合理断句。这样不但能使文案包含更多的内容，还可以减少用户的阅读负担，并能将主题内容表述得更清晰。

如图 4-39 所示，将短视频要表达的观点进行了提炼，并体现在短视频的文案中。这些文案将短视频内容用朴实平淡的语言表达出来，通俗易懂，人们无须苦思冥想就能理解短视频所传达的信息，有效降低了理解短视频内容的难度。

图 4-39　短视频文案

4.5.3　短视频封面设计要求

短视频封面，往往用来展示短视频的核心画面，也是留给用户的"第一印象"。用户会根据短视频封面在短时间内决定要不要点开短视频进行观看，所以短视频封面尤为重要。可以这样说，短视频封面能够直接影响短视频的播放量。

要想提高短视频的播放量，创作者就要为其设计吸引人的短视频封面，设计短视频封面应注意以下几点。

1．封面应是短视频的亮点

很多短视频创作者认为短视频封面并不重要，只要内容足够好就可以，所以他们往往将封面设置为系统默认画面。不过，用户在尚未点击短视频之前往往会通过封面来判断短视频的内容。因此，短视频封面要将短视频的亮点和精华展示出来，让用户对短视频的内容一目了然，吸引其点击观看。例如，如果短视频的内容是"干货"知识，可以把短视频中讲解"干货"知识的清晰截图设置成封面；如果短视频的内容属于幽默搞笑类，可以选择其中夸张的人物形象图片作为封面。

2．封面要与领域相关

创作者在为短视频设计封面时，要根据其所属的领域选择相应的封面，让封面与短视频内容有相关性。如果用户点击观看短视频，看到的内容与封面不相关，不仅不会关注账号，还可能会产生厌恶情绪。

3．封面要适应平台风格

短视频有时会被发布到多个平台上，这时创作者要注意更换封面。因为每个平台都有其不同的特点，设置的封面要符合平台风格，这样更容易获得相应平台用户的认可，从而提高播放量。

4．原创性要高

现在各个短视频平台都在大力扶持原创，封面作为短视频的一部分，也要具有一定的原创性。因此，创作者在设置短视频封面时，要设计属于自己的风格，或者专门为短视频设计一个封面，打上个人标签，形成个人特色。

4.6 练习题

1. 填空题

（1）抖音系列产品包括_____、_____、_____、_____。

（2）抖音主要用户可以分为三类：_____、_____、_____。

（3）抖音平台采用_____流量分配机制。抖音会给每一个作品分配一个流量池，即使没有任何粉丝，也会获得系统分配的流量。

（4）_____、_____、_____、_____是抖音推荐算法的核心点。

（5）_____是吸引用户点击的最直观的部分，决定用户的点击欲望。

2. 简答题

（1）抖音平台有哪些特色？

（2）抖音推荐机制的好处有哪些？

（3）短视频封面要符合哪些设计要求？

（4）写作抖音短视频文案时应注意哪些要点？

（5）怎样利用抖音为短视频添加背景音乐？

第 5 章

快手短视频运营

快手是国内知名的短视频应用平台，快手用户数超 8 亿人，日活跃量达 2 亿人，快手短视频受网民的关注度非常高。本章将介绍快手短视频平台、使用快手拍摄短视频的方法、快手玩法库的使用、快手运营技巧。

学习目标：

- ♪ 熟悉快手短视频平台
- ♪ 掌握使用快手拍摄短视频的方法
- ♪ 掌握快手玩法库的使用

5.1 快手短视频平台

快手最初是一款处理图片和视频的工具，后来转型为一个短视频社区。

5.1.1 平台简介

快手启动界面的文案为"拥抱每一种生活"，如图 5-1 所示。快手鼓励每一个人都用快手记录和展示自己的生活。

图 5-1　快手的启动界面

快手凭借较低的用户参与门槛获取了大量的用户。用户可以建群与粉丝们互动沟通，以社区信任关系为驱动力的快手的粉丝忠诚度、黏性及留存率都相对更高，这也是快手变现收益更高的原因。快手能保持用户的高黏性和高复用率，主要是因为其在运营方面的以下三个定位。

（1）快手满足了大部分普通人，而非"网红"的需求。

（2）快手坚持不对某一特定人群进行运营，也不对短视频内容进行栏目分类或对创作者进行分类。

（3）快手强调人人平等，是一个面向所有普通人的产品。可以看到，快手是一个用户用短视频的形式记录和分享生活的平台。

5.1.2　平台的功能

快手平台的主要功能如下。

1. 拍摄作品

快手的首页功能有关注、发现、精选、同城、消息、拍摄等，如图 5-2 所示。通过点击底部拍摄按钮，可以拍摄作品，如图 5-3 所示。

图 5-2　快手的首页功能

图 5-3　拍摄作品界面

2. 直播和对决

快手目前对所有用户均开放直播功能，鼓励用户多开直播。主播在直播的同时，快手还提供了主播对决小游戏和观众投票环节。

3. 同城推荐

在快手上可以看到同城的创作者发布的短视频或同城主播的直播画面，并且会显示用户与短视频创作者或主播的距离，增强了互动性。

5.1.3　平台算法

在快手上，用户可以自由选择短视频观看，快手采用去中心化的分发机制，视频推荐比较分散，争取让普通用户的视频也有被观看的机会。

快手平台通过全方位的数据精准刻画出用户意图，有针对性地给用户推荐其愿意观看的视频，提供极致的产品体验，提升视频观看率，增强用户黏性。

打开快手 App，界面非常简单，没有复杂的视频分类，也没有按照视频播放量和点赞量的多少设置排行榜，而是以瀑布流的形式展示内容。快手的瀑布流形式可以同时展示多个内容类型，如图 5-4 所示。此时内容的封面尤为重要，创作者需要花费更多的时间在封面设计上，以博取流量。

图 5-4　瀑布流形式

1．流量池分配

流量池是指作品因获得不同曝光率而得到的不同流量位置。快手对于任何一个作品，都会分配一个基础的流量池。快手会根据作品的最终播放量来判定是否将其推送到下一个流量池中。

2．叠加推荐

快手对新视频会分配一定的推荐量，当短视频的热度不断上升时，系统会通过加权的方式给予短视频更多的推荐量。除此之外，系统还会根据短视频的完播率、点赞数、评论率和转发率得出推荐量。

3．热度加权

热门短视频的播放量一般在 100 万人次以上，它们的点赞数、评论率和转发率也是很高的。这是短视频经过一层层热度加权的结果。因此，在制作短视频的时候可以通过热门话题来吸引用户转发、评论、点赞，以增加短视频的加权热度。

4．瀑布流给予用户选择的权利

内容类型繁多使得用户类型更广、用户容错率更高，但过长的返回时间可能会造成用户黏性不足。瀑布流给予用户更多的选择，快手平台依据用户选择判断用户的兴趣进行内容推荐，但需求判断上并不那么准确，且容易使用户错过优质内容。

5.2 使用快手拍摄短视频

在使用快手 App 过程中，经常会看到很多有意思的短视频，那么怎样使用快手拍摄精美的短视频呢？

5.2.1 制作"照片电影"

下面介绍利用快手制作"照片电影"的方法，具体操作步骤如下。

（1）如果想要在快手中制作和发布"照片电影"，首先要点击下方的拍摄按钮，如图 5-5 所示。

（2）进入拍摄界面，点击右下角的"相册"按钮，如图 5-6 所示，选择自己想要发送的图片。

图 5-5　点击拍摄按钮

图 5-6　点击"相册"按钮

（3）选择好自己想要编辑制作的图片素材后，点击右下方"下一步"按钮，如图 5-7 所示。

（4）这样就可以编辑和制作照片电影了，还可以为其添加文字、滤镜、配乐等，如图 5-8 所示。

（5）在添加合适的话题和描述后，可以点击"发布"按钮，完成照片电影的发布，如图 5-9 所示。

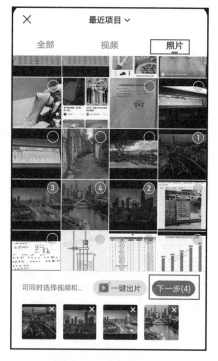

图 5-7　选择图片素材

图 5-8　制作照片电影

图 5-9　照片电影的发布

5.2.2 使用"一起拍同框"

使用快手的"一起拍同框"功能可以让身处不同时间、地点的人同屏出现，能够满足用户和自己喜欢的人同框的需求。使用"一起拍同框"的具体操作步骤如下。

（1）拍摄好视频之后，进入视频发布界面，选择"个性化设置"，如图 5-10 所示。进入"个性化设置"界面，设置"允许别人跟我拍同框"，如图 5-11 所示，然后点击"发布"按钮。

图 5-10　选择"个性化设置"　　　　图 5-11　设置"允许别人跟我拍同框"

（2）发布视频之后，别人点击视频的分享图标，点击"一起拍同框"选项，就可以使用该功能，如图 5-12 和图 5-13 所示。

图 5-12　点击"一起拍同框"选项　　　　图 5-13　拍同框效果

5.2.3 美化视频

在使用快手拍摄视频的时候，怎么美化视频？使用美颜、美妆和滤镜功能美化视频的具体操作步骤如下。

（1）打开快手 App，在拍摄界面点击"美化"按钮，如图 5-14 所示。

（2）点击"美颜"选项，可以选择美颜级别，如图 5-15 所示，最高级别为 5 级。

图 5-14　点击"美化"按钮

图 5-15　选择美颜级别

（3）点击"美妆"选项，选择适合的样式，一般选择"自然"即可，如图 5-16 所示。

（4）点击"滤镜"选项，根据拍摄的对象选择合适的滤镜，如图 5-17 所示。

图 5-16　选择美妆样式

图 5-17　选择合适的滤镜

5.2.4　添加背景音乐

短视频制作完成后，可以为短视频选择一个合适的背景音乐。怎样才能选出合适的背景音乐来调动用户的情绪呢？

1．注意整体节奏

为了使背景音乐与短视频内容更加搭配，要根据整体的感觉去寻找合适的音乐，整体节奏和音乐匹配度越高越好。

2．掌握情感基调

在进行短视频拍摄时，要清楚短视频想要传达的情感基调，这样才能根据短视频中的人、事及画面添加背景音乐。

3．正确寻找配乐

一般来讲，要想选择恰当的背景音乐，就要多听、多想、多培养感觉。比如，可以在一些专业的免费音乐曲库中进行定向的查找。也可以通过短视频平台的"选择音乐"界面查找背景音乐，如图 5-18 所示。

图 5-18　通过"选择音乐"界面查找背景音乐

热门分类中的 QQ 音乐榜、快手推荐榜会显示热门的背景音乐，可以从这里选择合适的背景音乐，如图 5-19 所示。

图 5-19　选择合适的背景音乐

4．不要让背景音乐喧宾夺主

背景音乐对于整个短视频起着画龙点睛的作用，一定不能让背景音乐喧宾夺主。

5.2.5　设计吸引人的封面

要想通过封面留住用户，封面必须有足够的吸引力，吸引人的短视频封面如图 5-20 所示。

提升封面吸引力的方法有以下几种。

（1）构图要主次分明，被拍摄主体要放在焦点位置，以突出重点。

（2）调整原图的清晰度、亮度和饱和度等，让封面的色彩更加鲜亮，更能吸引用户的眼球。

图 5-20 吸引人的短视频封面

（3）封面中各元素之间可以制造强烈的对比效果，对比效果越强烈，就越能吸引用户点击观看。

（4）引发用户的好奇心，使用户在好奇心的驱使下产生期待感，从而进一步产生点击观看的行为。

（5）封面中人物的表情要夸张，夸张的表情可以传递丰富的情绪。

（6）封面中要展示出人物强烈的戏剧性动作、台词、表情等，直接诉诸用户的感官，吸引用户产生观看的欲望。

（7）封面一定要完整，如果封面上有人像，不能遮挡人脸。

（8）比例要协调，不能拉伸变形。

（9）封面图上的文字要尽量少，且文字应放在最佳展示区域，不能被播放按钮、播放时间等要素遮挡或覆盖；文字的字号要在不影响封面美观的前提下尽量大。

5.2.6　为自己的视频设置标签

标签对于短视频平台来说，就相当于用户的画像，短视频的标签越精准，短视频就越容易获得平台推荐，越容易被用户看到；用户可以通过标签搜索到自己想看的短视频。

标签是短视频的重要流量入口，创作者给短视频打上合适的标签可以大大提升其播放量。在给短视频打标签时，创作者要遵守以下几条原则。

1．标签的个数为3～5个

标签的个数一般为3～5个，太少不利于平台的推送和分发，太多则会混淆重点，不利于将其推送给核心用户群体。

例如，某个护肤类的短视频，其创作者选择的标签只有一个"护肤"，这个标签涵盖的范围十分广，平台无法明确短视频内容属于"护肤"下的哪个细分领域，因此容易导致推送不精准。该短视频正确的标签应当尽可能涵盖产品的属性、品牌、分类、来源等。

2．核心要点精准化

标签一定要切合短视频内容，不能使用与短视频内容无关紧要、没有丝毫联系的标签。例如，如果是美食类短视频，其标签要属于"美食"这一范畴，如"特色小吃""鲁菜""美食教程""午餐"等。美食类短视频的标签如图 5-21 所示。标签一定要精准，假如不符合这一标准，再多的标签也毫无用处，不但不会吸引更多用户，反而会招致用户的反感，甚至影响账号的垂直度，影响平台的推荐量。

图 5-21　美食类短视频的标签

3．标签的范畴要合理

标签的范畴要合理，既不能过于宽泛，也不能过于窄小。如果标签的范畴过于宽泛，短视频就容易淹没在众多竞品中；如果标签的范畴过于窄小，又会将分发范围限定在过小的用户群体中，而损失大量潜在的用户群体。

4．合理地追热点话题

热点话题可以吸引巨大的流量，因此各大短视频平台都对热点话题有流量倾斜。创作者在为短视频打标签时要合理地结合当下热点话题，以增大短视频曝光率，使其获得平台更多的推荐。

5.2.7　添加文案

每个高流量的短视频背后都有好文案的支撑。文案对短视频的重要性主要体现在两个方面：一是让短视频更立体、更丰富、更具有传播力；二是可以迅速地传达创作者的思想和意图，感染用户，吸引其关注。

创作者要想撰写出扣人心弦的好文案，一般要经历以下步骤。

第一步：搭建文案框架，即列好文案写作大纲，以确定文案的创作方向。在搭建文案框架时，一定要弄清 4 个问题：文案的观看用户是谁？文案要传递什么信息？文案可以带给用户怎样的情感？文案会导致什么结果？

第二步：找到文案的切入点。搭建好文案框架后，要对所了解和掌握的信息进行筛选和整理加工，确定短视频内容的主题和切入点。

第三步：将信息转化为文字。根据确定好的主题，将搜集到的信息转化为文字，形成文案。

短视频文案的类型和格式并不是固定的，但要遵循一个共同的原则，即调动用户的情感，引发用户的共鸣。创作者在撰写短视频文案时，要找到目标用户的共性，挖掘出他们共同感兴趣的话题，并合理地表达出观点和态度，从而使用户更愿意关注短视频账号。

5.3　快手玩法库

下面介绍用快手制作视频的一些技巧。

5.3.1　发布时光影集

手机里面的各种拍摄图片最后会合成一个影集，供用户观看。时光影集发布的具体操作步骤如下。

（1）在快手 App 中点击拍摄按钮进入拍摄界面，如图 5-22 所示。

（2）在拍摄界面点击"玩法库"按钮，进入玩法库界面，点击"时光影集"选项，如图 5-23 所示。

图 5-22　点击拍摄按钮

图 5-23　点击"时光影集"选项

（3）进入"时光影集"界面，如图 5-24 所示。选择其中一个时光影集进行编辑，如图 5-25 所示。编辑完成后即可点击"下一步"按钮，进入发布界面。

（4）在发布界面点击"发布"按钮即可发布时光影集，如图 5-26 所示。

图 5-24 "时光影集"界面

图 5-25 时光影集编辑

图 5-26 点击"发布"按钮

5.3.2 拍摄快闪视频

快手为广大用户推出了"快闪视频",为广大用户提供了更多的选择,多种编辑方式可帮助用户创作出更多有趣的作品。拍摄快闪视频的具体操作步骤如下。

(1)在快手 App 中点击拍摄按钮,进入拍摄界面,如图 5-27 所示。

(2)在拍摄界面点击"玩法库"选项,进入"玩法库"界面,如图 5-28 所示。

图 5-27 点击拍摄按钮   图 5-28 点击"玩法库"选项

(3)进入"玩法库"界面,点击"快闪视频"图标,如图 5-29 所示。

(4)在模板界面选择自己喜欢的模板,选择好模板之后,点击"开始制作"按钮,如图 5-30 所示,就可以添加手机本地的素材了。

(5)素材添加完毕,可以点击"选好了"按钮,如图 5-31 所示。然后进行各种特效的添加和编辑,如图 5-32 所示。

(6)完成之后就可以进行作品的发布了,如图 5-33 所示。

图 5-29 点击"快闪视频"图标

图 5-30 点击"开始制作"按钮

图 5-31 点击"选好了"按钮

图 5-32 特效的添加和编辑

图 5-33　作品发布

5.4　快手运营技巧

下面介绍快手运营的一些技巧。

5.4.1　做好用户维护

短视频的打造少不了用户的支持，用户的口碑宣传所带来的裂变效果甚至高于渠道的推广力量。当用户越来越多的时候，做好用户的维护就变得十分重要。

1. 与用户积极互动

用户黏性的重要性不容忽视，只有之前的用户不取消关注，同时增加新的用户，你的粉丝数量才会呈现正增长的趋势。增加用户黏性的主要方式是与用户积极互动，做到及时回复用户评论，让用户感受到创作者对他们的关注和重视。

如果关注账户的用户众多，创作者就不可能分出太多的精力逐一回复评论，可以在短视频内容中与用户进行互动。比如，在短视频中添加一些与用户互动的话，引导用户评论，增加评论率。

2. 提高用户的参与度

提高用户的参与度就是让用户尽可能参与到短视频的制作中，这并不是让用户进行剪辑、发布等操作，而是让其参与到短视频内容的策划中。可以通过短视频平台的私信分享功能或在当期短视频下方评论或留言，说出自己想看的内容。这样不仅提高了用户的活跃度，还为短视频内容的选题提供了更多的素材。

5.4.2 为忠实用户提供高附加价值内容

爆款的短视频账号往往有大量的忠实粉丝用户。这些忠实的用户不易流失，而且愿意为优质的内容花费金钱。所以相比于新用户，忠实用户更应该是短视频团队重点留住的目标对象。提供高附加价值内容是一种有效活跃忠实用户的方法。为忠实用户提供高附加价值内容包括两个方面，即物质上的回馈和心理上的满足。

1. 物质上的回馈

忠实用户一定时刻关注短视频团队发布的每一个短视频，所以可以在短视频播放过程中或是结尾处添加一些抽奖、促销活动内容，并且提前注明只有忠实用户才能参加。这样一方面可使忠实用户得到物质上的回馈，另一方面也会激发新用户成为忠实用户。

2. 心理上的满足

一般情况下，忠实用户对短视频团队和短视频内容了解得比较全面，甚至一些用户从短视频发布之初一直坚守到现在。那么就可以在短视频内容中加入一些只有老用户才能理解的信息来凸显他们的优越感，从而让他们获得心理上的满足。

5.5　练习题

1．填空题

（1）快手平台的主要功能有＿＿＿＿＿＿、＿＿＿＿＿＿、＿＿＿＿＿＿。

（2）快手的＿＿＿＿＿，是指作品因获得不同曝光率而得到的不同流量位置。

（3）快手对新视频会分配一定的推荐量，当短视频的热度不断的上升，系统会通过加权的方式给予短视频更多的推荐量。除此之外，系统还会根据短视频的＿＿＿＿＿＿、＿＿＿＿＿＿、＿＿＿＿＿＿得出推荐量。

（4）使用快手的＿＿＿＿＿功能可以让身处不同时间、地点的人同屏出现，能够满足用户和自己喜欢的人同框的需求。

2．简答题

（1）快手能保持用户的高黏性和高复用率，主要是因为其在运营方面的哪些技巧？

（2）快手平台算法是怎样的？

（3）怎样制作"照片电影"？

（4）用快手拍摄视频的时候，怎样美化视频？

（5）怎样才能选出合适的背景音乐来调动用户的情绪呢？

第**6**章

微信视频号运营

视频号作为短视频领域中的新势力，虽然起步晚，起点却一点也不低。它基于微信强大的社交属性及圈层差异，私域流量优势明显，用户定位更精准，转化率高。

学习目标：

- ♫ 掌握微信视频号的功能和推荐算法
- ♫ 掌握如何创建与认证视频号
- ♫ 掌握如何用视频号发布短视频内容
- ♫ 掌握视频号引流的方法
- ♫ 掌握视频号运营技巧

6.1 微信视频号

2020 年 1 月视频号横空出世，它依靠微信强大的用户流量，已经逐渐发展成一个依托于微信社交生态的全新短视频平台。

6.1.1　视频号的功能

视频号位于微信的"发现"界面"朋友圈"的下方，如图 6-1 所示。在微信推出的各项功能中，视频号的位置甚至高于"扫一扫"，仅次于"朋友圈"，可见微信对视频号还是非常重视的。

图 6-1　视频号位置

进入视频号主页，视频会自动循环播放，双击可以点赞。可以对感兴趣的短视频进行"发送给朋友""分享到朋友圈""收藏"等操作。

视频号主页包括"关注""朋友""推荐"三个板块，如图 6-2 所示。

图 6-2　视频号主页

在"关注"板块里，用户可以看到自己主动关注的账号发布的视频。

在"朋友"板块里，用户可以看到微信好友点赞评论过的视频。

在"推荐"板块里，用户可以看到系统随机推荐的视频。

视频号的基本设置如下。

（1）一个微信账号只能申请一个视频号。

（2）视频号中可以添加微信公众号文章链接。

（3）视频号内容可以发送给朋友（微信好友、微信群）、分享到朋友圈、收藏，如图 6-3 所示。

图 6-3　对视频号内容可进行的操作

（4）视频号也是内容创作平台，所以任何时候优质、原创的内容才是核心，通过视频号不仅可以发视频，还可以发图文。

6.1.2　视频号的算法推荐机制

视频号的算法推荐机制主要有社交推荐和个性化推荐两种。

1．个性化推荐

个性化推荐是指视频号通过分析用户标签进行内容匹配及推荐。用户的标签越多，平台推荐给用户的内容就越精准。

如果发布的视频内容足够优质，并有大量的用户点赞和评论，甚至主动转发到朋友圈或微信群。那么视频号内容就有更大的概率得到主动推荐，从而获得更大范围的传播。

算法推荐机制让优质的视频具有更长的时效。比如，在半年之前发布的优质视频，可能依然能得到算法的推荐，给更多新用户群体观看。

2．社交推荐

视频号还具有社交推荐属性。在视频号上发布的作品可以通过朋友圈和微信群转发和传播，借助社交网络让更多用户看到和关注。在视频号上发布的作品，可能出现在微信好友的"个性化推荐"的信息流里，即便这位好友并未关注你的视频号。

此外，社交推荐还存在另外一种可能性，就是微信的"看一看"社交机制推荐，如图 6-4 所示。如果你的很多微信好友都给一个作品点赞，即使你没有关注该视频号，这个作品也会出现在你的视频号主页"朋友"板块的界面上。

图 6-4 "看一看"社交机制推荐

6.2 创建与认证视频号

微信官方希望更多的用户通过视频号创作、发布短视频，因此降低了创作用户的创作门槛，下面介绍如何创建和认证视频号。

6.2.1 创建视频号

从视频号入口进入视频号主页，点击界面右上角的小人头像图标，如图 6-5 所示。

在进入的界面会发现"我的关注""赞过的动态""收藏的动态""消息"和"我的视频号"等选项。如果之前没有创建视频号，在"我的视频号"下方就会出现"发表新动态"的提示，点击"发表新动态"，如图 6-6 所示。

进入"创建视频号"界面后，依次设置头像、名字、性别、地区，同意运营协议和隐私声明，如图 6-7 所示。

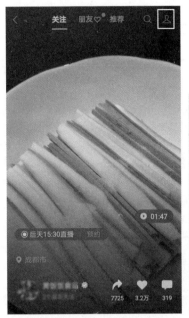

图 6-5　点击小人头像图标

图 6-6　点击"发表新动态"

图 6-7　"创建视频号"界面

6.2.2　认证视频号

目前，视频号认证分为个人认证、企业和机构认证两大类，个人认证又包含职业认证和兴趣认证。通过认证的好处是，当账号经过了官方认证，可信度比较高，在内容审核和算法推荐上，肯定比没有通过认证的账号具有优先权。

进入自己的视频号主页，点击视频号名字右边的三个点图标，如图 6-8 所示，进入"设置"界面，选择"认证"，如图 6-9 所示。随即进入"视频号认证"界面，如图 6-10 所示。

图6-8　点击三个点图标

图6-9　选择"认证"

图6-10　"视频号认证"界面

1. 个人认证

个人认证需要满足两个条件，近 30 天发表过一个作品，并且至少有 1000 个粉丝关注该账号。个人认证有两种认证类型，分别是职业认证和兴趣认证。

职业认证：认证者目前从事教育、医疗、运动员、音乐艺术、设计、IT 等相关行业。需要提交从业资质或行业认证、获奖证明。进行职业认证后，标识更加鲜明醒目，可以提高用户的信任度。

兴趣认证：如果认证者从事自媒体行业，或者是博主、主播，可以申请兴趣认证。这里不同类型的选择，主要是看账号的属性。

图 6-11 所示为职业认证信息，图 6-12 所示为兴趣认证信息。

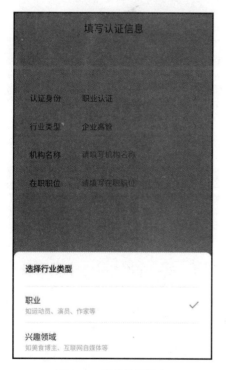

图 6-11　职业认证信息

图 6-12　兴趣认证信息

2. 企业和机构认证

如果申请"企业和机构认证"，首先需要使用已认证的同名公众号为视频号账号认证，在认证通过后，该账号将被认证主体使用。所以企业和机构认证需要提前注册好公众号，然后用管理员扫码就可以直接认证了，认证的名称必须和公众号的名称一致。图6-13所示为企业和机构认证相关界面。

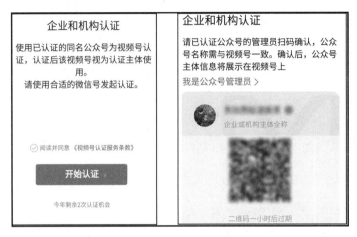

图6-13 企业和机构认证相关界面

通过企业和机构认证后，可以通过账号展示企业名片，宣传企业形象和产品，提高企业的知名度，为企业带来更多的效益。

6.3 用视频号发布短视频内容

目前已经有不少企业机构和个人开始运营视频号，下面讲述用视频号如何发布短视频内容。

6.3.1 设置视频封面

在发布视频之前，一定要设置视频封面。如果没有设置封面，也要确保视频的第一帧图像是有画面的。否则，将视频转发到微信群后，由于第一帧图像没有画面，就会出现黑屏，从而影响了观看者的感官体验。所以，要在发布视频之前，手动选择视频中合适的画面作为封面，如图6-14所示，这样就不会出现黑屏了。

图 6-14 设置视频封面

目前视频号系统默认封面是第一帧的图像。但是，为了让封面有更好的呈现效果，建议在上传和发布视频之前，尽量为视频单独制作一个封面。制作视频封面主要有以下两种方法。

第一种方法是，在视频开始位置单独插入一张图片作为第一帧图像。也就是说，单独制作一张封面图，直接放在视频最开始的位置上，这种方法可以批量且固定地产出同一种风格的封面。另外，还可以使用视频剪辑软件，直接在视频第一帧图像上添加文字等素材，这样在播放视频时，可以用转场动画进行切换，确保视频中的每一帧图像都能自然过渡。

第二种方法是，在剪辑视频的时候，在视频顶部的固定位置添加文字，如图 6-15 所示，这就相当于在这个固定位置给视频设置了一个标题。在用户进入主页后，能看到每一个视频的顶部都是清一色的视频标题，在转发给微信好友或者转发到微信群后，就会显示带文字标题的封面，非常醒目。

图 6-15　在视频顶部的固定位置添加文字

6.3.2　发布视频的步骤

一个视频号每天可以上传发布多个视频，具体操作步骤如下。

（1）进入视频号个人主页，点击"发表视频"按钮，如图 6-16 所示。

（2）弹出如图 6-17 所示的界面，这里有三个选项，即"拍摄""从相册选择""用秒剪制作视频"，选择合适的选项即可。

（3）对于上传的视频或图片，平台提供了简单的后台编辑功能，比如在图片上添加文字、添加表情；平台还提供了添加背景音乐的功能。在视频上传完成后，在底部操作栏中可以看到一个音乐符号按钮，点击它就能进行自动配乐，如图 6-18 所示。平台会根据上传的内容推荐一些背景音乐，可以一一点击并试听，如果觉得推荐的音乐不合适，还可以通过视频下方的"搜索"栏，如图 6-19 所示，根据视频的主题、风格或你喜欢的歌曲名称来搜索，找到合适的背景音乐。如果拍摄时背景音乐过于嘈杂，还可以移除视频原声。

图 6-16 点击"发表视频"按钮

图 6-17 选择视频来源

图 6-18 点击音乐符号按钮

图 6-19 搜索音乐

（4）可以为视频添加描述，如图 6-20 所示。在添加的描述中可以添加"@提到"即添加某个视频号。添加所在位置后，视频可以显示发布者当时所在的地区，甚至详细地址。关于"扩展链接",平台目前只支持添加公众号链接和红包封面链接,如图 6-21 所示。

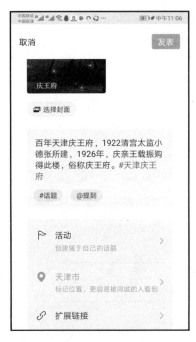

图 6-20　添加描述

图 6-21　添加扩展链接

6.4　视频号引流方法

无论哪个短视频平台,引流都是十分重要的。在视频号运营早期,引流一直是重要的运营工作之一,下面介绍视频号引流的方法。

6.4.1　个人简介引流

视频号里的个人简介,无论是对个人还是对企业、政府机构或高校,都是非常重要的信息。

在准备视频号的个人简介时,我们需要注意以下几点。

（1）视频号支持超过 10 行的个人简介，并且总长度不能超过 400 个字符。

（2）视频号支持换行排版，以及插入表情符号等，这个功能非常符合文艺青年的需要。所以说，视频号给我们提供了极大的创作空间，希望大家能充分利用这些功能。图 6-22 所示为简介案例，供大家参考。

图 6-22　简介案例

（3）个人简介里要突出自己的个性或优势，比如，自身具备哪些能力，在哪些平台上拥有大量粉丝，在哪个领域里获得过专业奖项或荣誉，以及自己所属的单位或职务，方便用户快速认识你。

（4）需要注意，有的号主在简介里留下了个人微信号、公众号的名称，以及投稿邮箱，这些都有可能被平台认定为违规信息。

6.4.2　文案区引流

在视频号发布短视频时，可以在视频下方添加一段描述性的文案。写好这段文案，就有机会让更多用户打开你的视频。

好的文案一定要吸引用户的注意力，调动用户的情绪，激发用户的好奇心。有些热门视频，内容平平无奇，既没有突发的剧情，也没有能抓住用户眼球的关注点，画面也未必精致，但因为配上了一段走心的文案，也能迅速抓住用户，如图6-23所示。

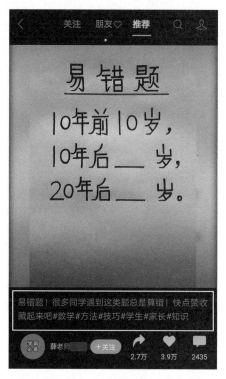

图6-23　文案一定要吸引用户的注意力

在编写文案时，建议同步做好以下几步。

（1）添加所在位置。在文案中添加所在位置后，视频会推荐给相同位置的用户，有可能带来一波新流量。

（2）在文案中添加"#话题"。视频号里的"#话题"标签一般位于视频下方的文案区，可以用来实现高效引流。在微信生态里，"#话题"标签是视频号的一个重要入口，且权重很高。点击文案区的"#话题"标签，即可直达该"#话题"标签的视频聚合页。其实微信生态就是一个大的公域流量池，你的内容沉淀在这个流量池后，通过"#话题"标签可以再次被激活，这就能源源不断地给自己引流。如果为自己的视频添加热门"#话题"，就能起到导流的作用，在添加"#话题"时，注意下面的一些小技巧。

♫ 一个视频支持多个"#话题"。

♫ "#话题"中的字符可以是标点符号或空格，但不支持换行和表情符号。

♫ 把"#话题"添加在文案的开头，更容易吸引用户点击"#话题"标签。

♫ 对一系列视频，可以添加统一的"#话题"，方便用户查看历史。

（3）添加"扩展链接"，即便没有开通微信公众号，也可以带上一篇优质的公众号文章链接，为你喜欢的公众号带去流量。

6.4.3 评论区引流

视频号号主和用户之间的互动主要在评论区里进行。在评论区，号主除了回复用户的评论，还可以使用如下几个技巧。

1. 置顶评论

在作品的评论区里，如果多条评论被很多人点赞，那么平台根据评论的发布时间依次对其排序，发布时间最晚的评论排在最前面。但是如果某条评论最先获得了 3 个或 3 个以上的点赞数，那么这条评论就会排在评论区的首位，如图 6-24 所示。同时，对于超过 3 个点赞数的多条评论，系统会根据点赞数的多少，依次对它们排序；如果点赞数一样多，则根据评论发布的时间排序，发布时间最晚的排在最前面。

图 6-24 点赞数最多的评论排在评论区首位

在一般情况下，点赞也是有聚集效应的，最先获得 3 个点赞数的评论，如果不人为干预的话，基本上会一直排在首位，被其他评论超越的可能性不大。

如果某一条评论内容特别精彩，号主可以邀请微信好友一起点赞这一条评论。只要这条评论的点赞数比其他评论的点赞数高，就很容易显示在作品的下方，这样就获得了曝光一条优质评论的机会。

2．点赞评论

只要是号主点赞过的评论，在这条评论的下面就会显示"作者赞过"，如图 6-25 所示。这对评论者是一个很好的鼓励，号主可以多给评论者点赞。

3．管理评论

号主可对评论做"复制""投诉""删除"和"移入黑名单"操作，也可以"关闭评论"，如图 6-26 所示。关闭评论后，评论的具体内容会被隐藏起来。

图 6-25　作者赞过的评论

图 6-26　关闭评论

4．引导点赞

引导点赞对作品播放量的快速增长非常有用。"高赞"作品更有可能得到算法的推荐。

视频号对文字内容的审核比较严格，若文案中出现"点赞"二字，作品可能会被限流或删除。但是，可以通过视频内容引导用户点赞，这里分享三个点赞小技巧。

第一个小技巧是在视频配音中引导用户点赞。

第二个小技巧是在视频画面中提醒用户双击视频点赞。很多用户感到好奇，就会双击视频，这样就自动为视频添加了一个"赞"。

第三个小技巧是号主可以在视频的最后一帧字幕里暗示用户，引导用户点赞。

5. 要做好评论区互动

首先要培养用户的互动习惯，通过在视频或文案里设置互动性问题等方式，引导用户去评论区评论。

6.4.4　转发作品

当用户发现自己喜欢的作品时，除了点赞和评论，还可以将作品转发到自己的朋友圈和微信群，或者转发给微信好友。图 6-27 所示为将作品转发到朋友圈。

图 6-27　将作品转发到朋友圈

目前视频号平台希望更多话题性的作品能被转发给我们的微信好友，或者转发到微信群，激发基于微信社交圈的讨论和互动，进而吸引更多用户去视频号的评论区互动。

对于任何平台，一旦没有互动，就意味着没有用户留存，就意味着失去了生命力。

另外，视频号平台上的作品不能下载，也不能分享到微信平台之外的任何平台上。

6.4.5　平台内部引流

平台内部引流，指的是号主想办法提醒对视频内容感兴趣的用户关注自己。下面介绍几种内部引流的方法。

1．在视频底部添加引导语

图 6-28 所示的视频底部添加了"更多#孕育#科普知识，点赞+关注"引导语，吸引用户添加关注。

2．在视频结尾处添加引导语

图 6-29 所示的视频结尾处添加引导语"喜欢就关注我吧"，会让感兴趣的用户关注该视频号。

图 6-28　在视频底部添加引导语

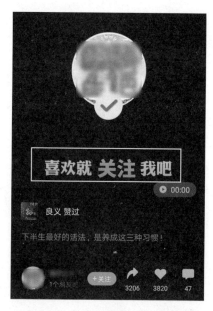

图 6-29　在视频结尾处添加引导语

3．设计好头图和个人简介

设计好头图和个人简介，让用户进入你的主页后，被你的头图、个人简介所吸引。

4．坚持有价值的垂直定位

在某一个垂直领域持续输出优质内容，让自己的视频出现在用户的信息流中，就更容易得到对视频内容感兴趣的用户的持续关注。

5．拍摄连续剧型视频

大多数人喜欢看连续剧，可以参考连续剧的风格来拍摄视频。连续剧型视频的每一集都承上启下，如果用户觉得你现在的这条视频好看，便会去翻看你以前的视频，这样他就很可能会被内容吸引，从而关注你的视频号。连续剧型视频如图 6-30 所示。

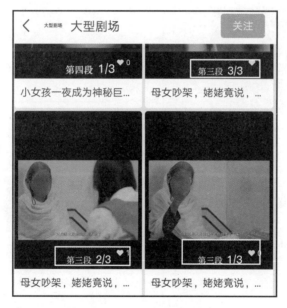

图 6-30　连续剧型视频

6.4.6　平台外部引流

平台外部引流，指的是号主要想办法通过其他流量池，特别是微信生态去传播其视频，并让对视频内容感兴趣的用户关注自己的视频号。下面介绍 4 种平台外部引流的方法。

1．分享到朋友圈

把好的视频分享到个人朋友圈，如图 6-31 所示，相当于做了一次导流推广，好友也有可能将视频分享到他的朋友圈，形成二次传播，从而收获一波来自朋友圈的流量。

好友在朋友圈点击你视频的次数越多，他观看其他视频的概率就越大，这样就会慢慢吸引同频的好友来关注。

2．转发到微信群

把制作的视频转发到微信群，如图 6-32 所示，最关键的是写好文案，以便吸引群成员点击观看。如果内容吸引人，群成员又认可你，就很容易收获关注。

图 6-31　分享到朋友圈

图 6-32　转发到微信群

3．公众号推荐

视频号上的每个视频都可以带公众号文章链接，这样就可以通过文章链接直接给公众号引流，也可以通过公众号文章推荐视频号的相关内容。

4．分享教程干货资料包

定期推出与视频号教程相关的干货资料包，在资料中给出自己的视频号信息，从而引导用户关注。

6.5　视频号运营技巧

开通视频号以后，很多人不知道发布什么内容，只有掌握了视频号运营的技巧才能做好视频号。

6.5.1　明确运营目标

首先，需要明确视频号的运营目标。视频获得的播放量是衡量视频号运营好坏的重要指标。运营者一定要清楚自己为什么要做视频号，也就是最终目的是什么。只有明确了最终目的，才能规划出合理的目标。

表 6-1 列出了几类常见的运营视频号的目标，以及各个运营目标所适合的人群和考核数据。

表6-1　常见的运营视频号的目标、适合人群和考核数据

运 营 目 标	适 合 人 群	考 核 数 据
打造个人品牌	明星、专业人士	粉丝数、播放量、评论数
推广公司品牌	企业	播放量、主导话题参与人数
带动产品销售	企业、网红	播放量、销售额
用户售后互动	企业	评论数

其次，我们需要把运营目标按阶段进行规划。在运营的早期是以涨粉为目标的，需要想方设法先通过各种活动实现引流，以积累更多的粉丝。这样才有可能筛选出喜欢你的用户群体，随后通过内容运营培养个人视频号的带货能力。

6.5.2　明确自身特色

对于一个优秀的视频号来说，内容创作者应将视频内容选题尽量和当下热点话题遥相呼应。同时，在规划内容选题时，一定要思考视频内容可以为用户带来哪些实际的好处，以及是否解决了用户当前的实际需求和痛点。

策划视频内容选题有以下 4 个原则：用户相关性、内容新鲜感、视频号的人设及话题热门程度。

这就意味着，确定的选题必须为目标用户提供感兴趣的内容，而且对目标用户来说，内容是新鲜的，并非人云亦云。同时，视频内容需要与该视频号的人设定位相符，如果还有热点话题，就是一个非常完美的选题了。

在实际运营过程中，选题同时符合上述 4 个原则是非常困难的。很多人因为找不到好选题就随意跟风去追逐热门话题，反而让自己的视频号内容偏离了当初的定位。一旦出现了这种情况，就很难留住用户。

假如你的视频号的定位是面向高端投资理财的，但经常发布与夫妻关系相关的话题，即便都能成为爆款，最终也会因为偏离最初的内容定位，失去高端理财导师的形象，背离运营目标。因此，做视频内容，我们一定要有所为有所不为，这样才能真正做出好内容。

6.5.3　做好竞品分析

在这个越来越重视内容品质的时代，确定内容选题后必须做好竞品分析，让自己的视频号内容有自己的独特之处，能够和竞品错位竞争，靠自身特色吸引目标用户。

创作者首先应有清晰的内容定位，然后去不同平台寻找对应的垂直领域榜单，选择优质的账号，编制竞品清单，并做好以下分析。

（1）分析这些优质账号中的所有爆款短视频内容。

（2）分析这些账号近期的策划和选题方向。

（3）分析这些账号有哪些活动和互动模式。

（4）分析这些账号如何实现优质内容的持续输出。

（5）分析这些账号是如何运营的，包括评论维护、变现模式。

6.5.4 打造运营团队

如果想持续运营一个视频号，做大做强视频号，需要搭建一个运营团队。一个视频从策划、制作到运营，每一步都有比较复杂的流程，需要建立团队来完成一系列的工作。

1．导演

导演是统领全局的职能角色，导演的主要工作是对短视频的风格、内容策划和脚本把关，另外在拍摄和剪辑环节也需要导演的参与。

2．摄像师

优秀的摄像师是短视频成功的前提，因为视频的表现力及意境都是通过镜头语言来表现的。一个优秀的摄像师能通过镜头完成导演规划的拍摄任务，并给剪辑留下好的原始素材，节约制作成本，并达到拍摄目的。

3．剪辑师

剪辑师的主要工作是短视频后期制作。在短视频拍摄完成后，剪辑师需要对拍摄的素材进行选择与组合，舍弃一些不必要的素材，保留精华部分，还会利用一些视频剪辑软件对短视频进行配乐、配音和添加特效。后期制作可以将杂乱无章的片段进行有机组合，形成一个完整的作品。

4．运营人员

短视频的传播同样离不开运营人员的工作。视频完成后如何获得曝光机会、发往哪些平台、用户评论的管理等，都是运营人员要负责的工作。

5．演员

演员要上镜，符合人物形象，具备表现人物特点的能力。很多时候，团队成员也可以充当演员。

6．其他人员

其他人员如灯光师、录音师等，具体根据团队情况来设置。

另外，从经济角度考虑，很多职能团队都是可以重复使用的，从而形成整个视频内容创作组。

6.6　练习题

1．填空题

（1）视频号主页包括＿＿＿＿＿＿＿、＿＿＿＿＿＿＿、＿＿＿＿＿＿＿三种信息流推荐板块。

（2）视频号目前的算法推荐机制主要有两种：一种是＿＿＿＿＿＿，另一种是＿＿＿＿＿＿。

（3）目前，视频号认证分为＿＿＿＿＿＿＿、＿＿＿＿＿＿＿＿＿两大类。

（4）当用户发现自己喜欢的作品时，除了点赞和评论，还可以将作品转发到自己的＿＿＿＿＿＿＿、＿＿＿＿＿＿＿、＿＿＿＿＿＿。

（5）＿＿＿＿＿＿指的是号主要想办法通过其他流量池，特别是微信生态去传播其视频，并让对视频内容感兴趣的用户关注自己的视频号。

2．简答题

（1）视频号的算法推荐机制是怎样的？

（2）怎样创建和认证视频号？

（3）怎样设置视频封面？

（4）怎样在视频号上发布视频？

（5）在评论区引流有哪些技巧？

第7章

其他主要短视频平台运营

短视频在今后的发展中将呈现出多元化、多样化和专业化的特点。在这样的环境下，出现了众多的短视频平台。本章介绍西瓜视频、淘宝短视频和 B 站。

学习目标：

♫ 掌握西瓜视频平台的特色
♫ 会设计短视频的封面、开头、结尾
♫ 掌握淘宝短视频运营方法
♫ 掌握 B 站短视频运营方法

7.1 西瓜视频平台运营

下面介绍西瓜视频平台运营，包括平台简介、平台特色、推荐机制、数据分析、创作激励等。

7.1.1 平台简介

西瓜视频是字节跳动旗下的短视频平台，在这里每个人都可以发现自己喜欢的视频。

创作者可以通过平台向全世界展示自己的视频作品，为广大用户提供优质内容。

西瓜视频平台有众多垂直分类，专业程度较高。它通过人工智能精准匹配内容与用户兴趣。

图 7-1 所示为西瓜视频 PC 端首页，左侧是视频分类导航，右侧是具体的视频。西瓜视频最近买了很多电视剧、电影的版权，从原来的横版短视频平台逐渐过渡到一个综合性的视频平台，吸引了越来越多的用户使用。

图 7-1　西瓜视频 PC 端首页

7.1.2　平台特色

西瓜视频平台上的视频主要是横屏视频，横屏视频与竖屏视频最大的不同是内容源不同，横屏视频由数码摄像机和摄像机拍摄，竖屏视频由手机拍摄。由手机拍摄意味着会产生大量的新增原创、简单的短视频，而前者则面向已有的存量内容和优质精选的内容。

横屏短视频是将通过数码摄像机和摄像机制作的长视频压缩剪辑得到的。

创作者为西瓜视频平台提供内容，同时获得收入分成。广告主为西瓜视频提供收入，同时获得流量。用户为西瓜视频提供流量，同时获得内容。三者形成一个闭环，彼此赋能并推动彼此增长。

西瓜视频平台的特色如下。

（1）算法分发和关系分发并重。算法分发即机器推荐，关系分发由用户关注的人决定是否推荐，西瓜视频中两者并存。西瓜视频和今日头条是深度打通的。这种深度打通让西瓜视频能够有效利用今日头条多年积累的算法模型和数据，使用户画像更精准，这也是西瓜视频得以快速崛起的技术基础。

强大的推荐算法为用户持续精准地推荐合适的内容。通过算法分析用户的浏览量、观看记录、停留时长等进行视频推荐。

（2）内容优势，长视频、短视频兼备。

短视频优势：轻载、趣味、高效，适合碎片化场景，具备强大的吸引力，可占据用户的娱乐时间。

长视频优势：内容更专业、丰富，传达的信息更有体系化，营销范围更大，可操作性更强，用户黏性更高，具备短视频无法比拟的质感。

（3）定期的技能培训。提供全面的短视频入门课程，举办线下西瓜视频创作者大会，让用户有归属感，建立一套培训体系帮助其快速在西瓜视频平台上成为专业生产者。图 7-2 所示为短视频培训课程。

图 7-2　短视频培训课程

（4）参与活动，瓜分奖金。西瓜生财季、这个夏天打卡赚钱、参与投稿瓜分10万元现金奖励，这些活动都能帮助短视频创业者实现商业变现，如图7-3所示。

图7-3　参与活动，瓜分奖金

7.1.3　西瓜视频平台推荐机制

西瓜视频平台推荐的本质，就是从一个海量的内容池里为用户匹配出感兴趣的内容，并推荐给他们。为了给用户提供他们喜欢的短视频内容，或者理解用户的需求，平台可以通过多种角度刻画一个用户的画像，如年龄、性别、阅读爱好等；同时，利用先进的AI技术对短视频进行分类。紧接着，推荐机制就像一座"桥梁"连接粉丝和短视频，将短视频源源不断地推送到感兴趣的用户面前。这座"桥梁"有两个特点。

（1）兴趣匹配：用户的观看类型与内容分类重合度最高，被系统认定最可能对该内容感兴趣。

（2）分批次推荐：短视频首先会被推荐给一批对其最可能感兴趣的用户，这批用户产生的数据，将对内容下一次的推荐起到重要作用。

短视频首次推荐后如果点击率低，评论率和点赞率也不高，系统会认为该视频质量一般，会减少二次推荐的推荐量；如果点击率、评论率等数据高，系统则认为该视频很受用户喜欢，会进一步增加推荐量。

要想获得更多的播放量，就必须努力把短视频的点击率、用户播放时长、收藏数、评论数、转发数等维持在较高的水平。这就要求短视频必须做到以下几点。

（1）视频的标题和封面具有足够的吸引力，主题清晰，可提高点击率。

（2）视频内容优质，解说俱佳，可提高用户播放时长和播放完成度。

（3）视频内容丰富、真实，给用户带来了更多干货，可提高收藏数和用户播放时长。

（4）视频内容观点鲜明，引发大量用户讨论，可增加评论数和转发数。

7.1.4 创作激励

创作激励是西瓜视频平台为帮助创作者更好地创作而提供的一系列创作者权益和成长体系。它向创作者明示了平台规则，包括创作者权益和信用分规则。

根据粉丝数，可以将创作者权益分为四个层级，包括基础权益、千粉权益、万粉权益、五万粉权益。

（1）基础权益：加入创作激励后，可开通创作收益、视频原创等权益。

（2）千粉权益：随着粉丝数增加，影响力得到提升，粉丝数达到 1000 人后可申请视频赞赏。

（3）万粉权益：粉丝数达到 10000 人后，权益更加丰富多样。万粉权益以往申请难度较大，但创作者十分渴求的功能都包含在其中。付费专栏、商品卡等，大大丰富了创作者变现途径。

（4）五万粉权益：粉丝数达到 50000 人后，365 天全年人工答疑。

怎样加入创作激励呢？创作者可以通过下面的方法加入。

（1）登录西瓜创作平台，单击"创作激励"，即可快速加入，如图 7-4 所示。加入后自动开通视频创作收益和视频原创权益，也可以开通其他的权益。

（2）登录头条号后台，单击"成长指南"→"创作权益"，即可快速加入，如图 7-5 所示。加入后自动开通创作收益和视频原创权益。

图7-4　通过西瓜创作平台加入

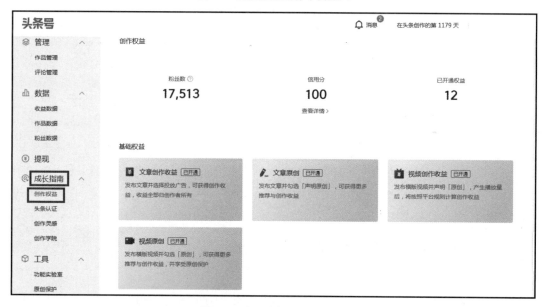

图7-5　通过头条号后台加入

（3）打开今日头条App，单击"我的"→"创作中心"→"创作首页"→"创作权益"，即可快速加入，如图7-6所示。加入后自动开通创作收益和视频原创权益。

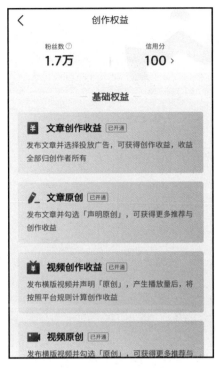

图 7-6　通过今日头条 App 加入

7.1.5　创作收益计算规则

视频创作收益主要由基础收益和补贴收益两大部分构成。登录西瓜创作平台，单击左边导航菜单中的"收益分析"即可查看视频创作收益。"收益分析"界面包括数据概览、趋势分析、基础收益、补贴收益等部分，支持在不同时间维度下查看整体收益波动情况，如图 7-7 所示。

为了保证用户的视频观看体验，西瓜视频平台鼓励主题明确、垂直性强的优质原创横屏短视频，这样的短视频有机会获得更高收益。

创作收益的计算规则如下。

（1）收益是根据播放量、视频内容质量、原创性、完播率、受众群体、粉丝播放量、短视频播放时长等因素综合评估的。同时，不同短视频内容的受众不同，带来的广告收益也会有差异，没有固定的价格。

图 7-7　视频创作收益分析

（2）账号被扣分和视频被下架、删除或撤回会影响收益。

（3）是否"加 V"，与收益没有关系，不会影响收益。

（4）计算收益的过程中，平台会排除因非自然渠道、网络、系统、人为原因产生的播放量，因此后台展示的播放量并非计算收益的播放量。

（5）提高视频质量，平台鼓励优质原创横屏内容。建议视频内容满足以下几点：定位清晰，主题明确，信息量充分，内容完整，避免素材拼凑，标题、封面与实际内容强相关，避免夸张或诱导点击，画面清晰，音画同步。

（6）提高粉丝播放量，平台鼓励号主增加和粉丝的互动，提高粉丝黏性，通过粉丝播放产生的广告收益通常是非粉丝播放产生广告收益的 3 倍，粉丝播放量对于收益的影响大于非粉丝播放量。当粉丝播放的占比提高后，视频单价就会提升，总收益也会提高。

（7）建议发布更多原创视频并声明原创，有助于提高收益。

7.1.6　发布视频

在西瓜视频平台发布视频的具体操作步骤如下。

（1）登录西瓜创作平台，单击左侧导航菜单中的"发布视频"按钮，在固定区域单击上传或将文件拖入，如图 7-8 所示。

图 7-8　单击上传或将文件拖入

（2）弹出"打开"对话框，选择要上传的视频文件，如图 7-9 所示，然后单击"打开"按钮。

（3）填写视频信息，包括合适的标题、简介，上传清晰且能表明视频主题的封面，如图 7-10 所示。可以在发布界面右侧预览内容在西瓜视频 App 和今日头条 App 手机端的展示效果。如果有原创和赞赏的权益，可以根据需求选中"原创"单选按钮。填写完成后，单击界面底部的"发布"按钮，即可发表视频。

图 7-9　选择要上传的视频文件

图 7-10　填写视频信息和上传封面

（4）发布完成后，单击"内容管理"，可以看到发布后的视频，如图 7-11 所示。

图 7-11　发布完成

通过今日头条 App、头条号后台发布视频，建议每日发布数量不超过 5 个，否则推荐可能受到影响。

通过西瓜视频 App、西瓜创作平台发布视频，暂无具体个数限制，但仍建议合理安排发布数量，注意作品原创度和优质度。

7.1.7　参与创作活动

西瓜视频通过策划一系列活动，激励用户创作，特别是用户比较专注的垂直细分领域，如生活、三农、美食、搞笑、少儿等，努力将这些领域打造成平台的优势和特色。

参与创作活动的具体方法如下。

参与方法一：打开西瓜创作平台，上传视频后，单击"选择活动"按钮，如图 7-12 所示，在弹出的对话框中选择要参与的活动，如图 7-13 所示。

参与方法二：打开西瓜创作平台，在左侧导航菜单中单击"首页"→"热门活动"→

"更多"，选择热门活动，如图 7-14 所示。单击活动标题或封面，可以进入活动详情页，如图 7-15 所示。

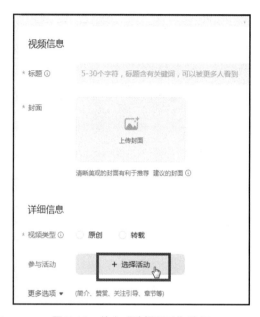

图 7-12　单击"选择活动"按钮

图 7-13　选择要参与的活动

图 7-14　选择热门活动

图 7-15　活动详情页

7.1.8 数据分析

西瓜创作平台拥有强大的数据分析功能，从核心数据、流量来源分析、观众分析、粉丝分析四大维度，帮助创作者更好地了解账号。

核心数据：创作者最关心的播放量、互动量都在这里，还能单独筛选粉丝数据。

流量来源分析：帮助创作者了解视频都在哪些位置被观众看到。

观众分析：帮助创作者了解观看视频的用户（观众）都是谁，他们有什么特点。

粉丝分析：帮助创作者了解粉丝增长情况及粉丝画像。

（1）可以在西瓜创作平台上，单击"首页"，查看账号数据及最新上传的视频数据，如图 7-16 所示。

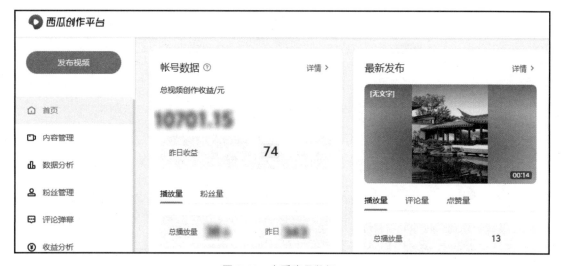

图 7-16　查看账号数据

（2）登录西瓜创作平台，单击"数据分析"→"数据概览"，即可查看视频昨日的展现量、播放量、播放时长、评论量、点赞量、收藏量等数据，如图 7-17 所示。

（3）登录西瓜创作平台，单击"数据分析"→"数据趋势"，选择时间区间，即可了解各个数据在指定时间段内的变化趋势，如图 7-18 所示。在趋势图上新增的每日视频发布内容标注，帮助创作者更加直观地了解不同视频内容及数量对账号整体数据带来的影响。

图 7-17　分析数据概览

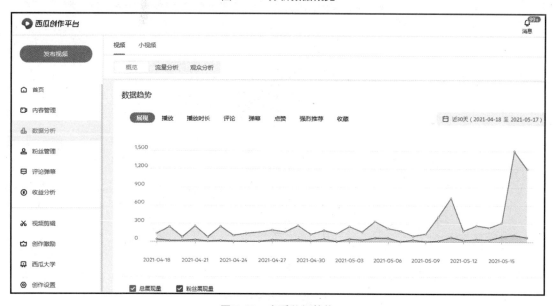

图 7-18　查看数据趋势

（4）单击"数据分析"→"流量分析"，可以了解视频在哪些位置被观众看到。选择时间区间，即可获取分别来自App端口和位置两个维度的展现流量和播放流量数据，如图7-19所示。

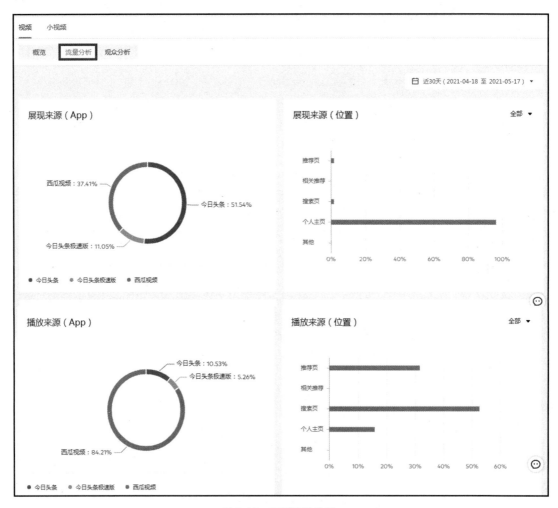

图7-19　查看流量分析

（5）单击"数据分析"→"观众分析"，可以了解观看视频的用户（观众）都有哪些人，他们有什么特点，从而有针对性地进行视频内容调整。选择时间区间，即可获取观众的性别分布、年龄分布、地域分布、城市级别分布，如图7-20所示。

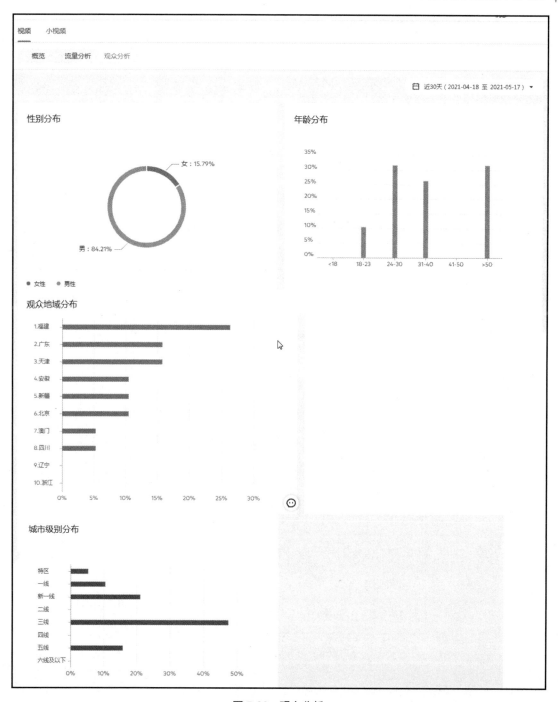

图 7-20　观众分析

7.2 使用西瓜视频编辑短视频

西瓜视频在短视频方面拥有丰富的功能，下面介绍短视频的编辑，包括设计短视频封面、短视频开头的形式、短视频结尾的形式。

7.2.1 设计有吸引力的短视频封面

西瓜创作平台和西瓜视频 App 现已上线封面编辑功能，支持创作者在线制作优质封面，具体操作步骤如下。

（1）上传短视频原始文件后，可以单击"上传封面"，如图 7-21 所示，手动上传图片。也可以选择短视频中的一帧作为封面底图，如图 7-22 所示。

图 7-21　单击"上传封面"

图 7-22　将短视频中的一帧作为封面底图

（2）选择好封面底图后，进入封面编辑界面，单击"模板"按钮，即可看到平台免费提供的多款优质的封面模板。单击某一模板，就能够将模板应用在自己的封面中，如图 7-23 所示。

图 7-23　选择封面模板

（3）模板中的文字和色块都是可以修改的，可以根据自己的喜好调整字体、颜色、大小，修改文字，如图 7-24 所示，还可以添加滤镜进一步美化封面。

图 7-24　编辑修改文字

7.2.2　短视频开头的形式

短视频的开头是短视频的重中之重，必须 3 秒内吸引住观众，否则，用户可能就走了，更别提让用户产生点赞、评论、转发的行为。所以创作者需要精心设置短视频开头的内容，下面介绍短视频开头的常见形式。

1．制造悬念

开头通过巧妙地设置悬念，制造某种气氛，使短视频引人入胜。可以一开始制造悬念、塑造反差、形成冲突等，激发读者的好奇心。制造悬念的方法有很多。

比如，人人都在说互联网营销，到底什么是互联网营销？

比如，为什么大学生收入不如农民工？

2. 设置疑问

在短视频开头设置疑问，可以激发用户思考，让人不由自主地观看短视频，寻找答案。

比如，天津还有这样的房子？首付 8 万元？

比如，今年北方雨水多，到底是哪里出了问题？

3. 直戳痛点

可以直戳广大用户的痛点，激发兴趣，让用户找到共鸣的感觉，然后一步步给出建议或者解决方法。

比如，你拍的短视频为什么没人看？

比如，"房子白送没人要！"这里的楼市还有救吗？

4. 制造急迫感

在开头制造紧迫感能够唤醒用户的情绪，让他们忍不住点击观看后面的内容。

比如，下面这件小事大家千万不要去做，否则会很亏。

比如，紧急通知！知道这个政策，孩子可以上更好的学校。

5. 告知好处和方法

用户都对与自己有关的"好处"感兴趣，在短视频开头直接告诉用户会得到什么，就会吸引用户看完短视频。

比如，你的收入怎样才能一年比一年高？我想你应该来了解一下。

比如，真实揭秘，你知道你的钱是如何被"收割"的吗？

6. 反面举例

对于一些干货类或者经验类的文章，可以写一些错误的做法，那么用户对于正确的做法肯定是有一定的求知欲的，好好利用这一点去写。

比如，冲动"裸辞"，我劝你千万别做这件事。

又如，高收入就要不停地加班吗？收入的真相到底是什么？

7．点明主题

可以在开头点明短视频的主题内容框架，让用户理解起来更轻松；也可以简明扼要地概括短视频要讲的内容，如为什么讲，看完能得到什么。

比如，如何读好书？分享我真实的读书感受。

比如，热门高薪的计算机、软件工程、大数据、人工智能，选哪个？

7.2.3　短视频结尾的形式

好的短视频应该是有头有尾的，好的开头是成功的一半，好的结尾也会为短视频画上完美的句号，二者不能顾此失彼。下面具体介绍短视频结尾的形式。

1．抛出疑问，引起思考

在短视频结尾可以有针对性地抛出一个互动话题，引发讨论，加深用户对于内容的思考。这样能提升短视频的评论数量，也方便创作者从中提取有用的内容，作为下一期内容的创意来源。

比如，大家还知道有哪些烹饪小技巧呢？欢迎在评论区留言！

比如，各位姐妹们平时都用什么护肤品呢？欢迎留言！

2．发出行动号召

在短视频结尾可以引导用户点赞、关注、评论、转发。

比如，如果喜欢的话，就收藏起来试一下吧。

比如，觉得这个小秘方有用的话，就帮忙点赞转发一下吧。

3．巧用经典语句

如果要在短视频结尾传递价值观，建议引用经典语句作为结尾，这样短视频看起来更有质感。因此在平时的阅读中、观影中看见好的句子、段落，要养成随手记录的好习惯。

比如，不负光阴，不负自己，不负被爱。

比如，把你的名字刻在人们的心里，而不是刻在大理石上。

4．引起大家的共鸣

以抒情的方式结尾，可带动用户的情绪，引起大家的共鸣，为短视频带来很好的推动效果。

比如，乐观的人，把人生活成一场喜剧；悲观的人，把人生活成一场悲剧。

比如，学会珍惜生活给予你的一切。

5．祈祝福

可以借助节日的气氛，通过短视频对用户进行祝福，比如祝他们身体健康、家庭幸福，或者在情感上找到大多数人的痛点，进行情感的祝福问候，尤其是后者能得到社会的广泛好评。

7.3　淘宝短视频运营

随着短视频的火爆，各电商平台也纷纷进入短视频领域，以淘宝、京东为代表。下面介绍淘宝短视频。

7.3.1　平台简介

淘宝短视频营销的本质还是内容营销，以前内容营销主要是靠图片或者文字的形式来做内容输出。淘宝越来越重视内容营销，短视频对于一个产品的转化影响非常大，越来越多的卖家也逐渐从文字和图片形式的营销转为更专业、全面的短视频形式的营销，这样可以更好地让用户了解产品。

淘宝短视频大致有以下三个特点。

1．人格化

淘宝短视频内容并非单纯展示产品，而是从商家、用户角度出发介绍一个商品、一个用法或一项技能。人格化并不是必须要求人脸出镜，而是让看短视频的用户有一个场景带入，知道是谁在跟自己说话或表达。

2．真实感

如果不是商业电视广告的品牌宣传型短视频，建议卖家使用非传统电视广告的表现手法，因为真实感可以拉近短视频与用户之间的距离。

3．专业性

短视频内容需要卖家把产品最值得推荐的亮点有效表达出来。

7.3.2　平台特色

在手机淘宝 App 中，用户可以在不同的店铺中看到一些商品的短视频，淘宝短视频的特色玩法主要有以下几种。

（1）在手机淘宝首页中，点击底部的"逛逛"，进入"发现"页面，点击"视频"，可以看到很多淘宝短视频，如图 7-25 所示。

图 7-25　淘宝短视频

（2）卖家可通过优质"种草"视频进行内容输出，用户可在此感受较为真实的逛店体验，比如商品知识体验型视频、卖家秀视频等，如图 7-26 所示。

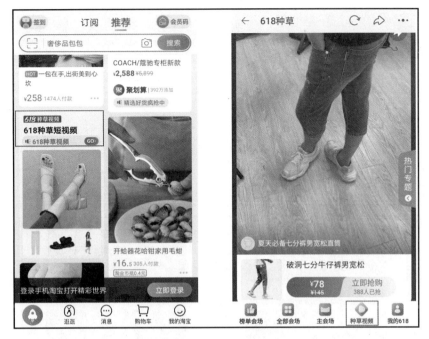

图 7-26　"种草"视频

（3）两个维度：第一个维度，淘宝希望利用短视频服务全部手机淘宝用户的消费场景；
第二个维度，淘宝希望短视频能够提供纵向服务，打造整个店铺运营的体验和整体的消费体验，复原用户逛街的场景，通过微淘、直播、导购和店铺配合的方式实现。

7.3.3　商品主图短视频引流

商品主图短视频的基本要点是告诉用户商品的卖点、功能，时长以 9～30 秒为佳，以商品展示为主，如图 7-27 所示。如果商品主图短视频内容足够好，会被推荐机制推荐到手机淘宝首页展示位置，这样就能获得免费流量，并且这部分曝光是加权的。

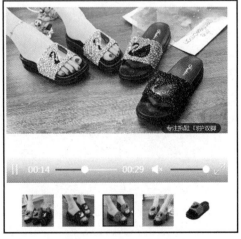

图 7-27　商品主图短视频

商品主图短视频能否获得推荐，只与视频质量有关。最后能成为赢家的只有那些有特色、有创意，靠产品和内容打动消费者的商家。所以高质量的短视频内容是拿到流量的关键因素。

那么怎样才能增加被推荐的概率呢？

商品主图短视频尽量做到简单直白、有重点；重点围绕该商品的卖点、商品使用场景、商品细节、试穿体验、材质测评、生活小窍门、搭配建议等进行介绍，激发用户的兴趣和购买欲。图 7-28 所示的面条机短视频，用高效、准确的信息重点展示面条机的使用过程，从而瞬间抓住用户的心。

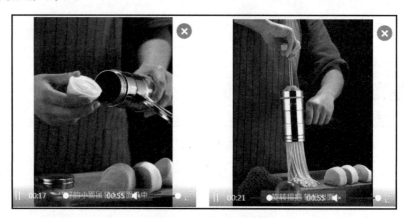

图 7-28　面条机短视频

7.4　B 站短视频运营

B 站全名哔哩哔哩，吸引了一批热爱动漫、游戏的用户。经过多年的发展，现在 B 站平台已经形成了一个以泛二次元视频为核心，以专业用户生产内容为辅的综合视频社区平台。

7.4.1　B 站平台的特点

与其他视频平台相比，B 站平台具有以下特点：优质的弹幕，无贴片广告，重社交、

"粉丝"价值高，以及用户年轻、思想开放。

1. 优质的弹幕

B 站最大的特点就存在于它的弹幕，B 站引领了弹幕的社交潮流。弹幕就是指在网络上观看视频时弹出的评论性字幕，如图 7-29 所示。B 站提供顶端弹幕、底端弹幕、滚动弹幕三种常用弹幕模式。

图 7-29　弹幕

与其他视频平台上可有可无的弹幕相比，B 站的弹幕已经成为视频内容的组成部分。用户在此可以利用弹幕来发表一些自己的观点、想法。

2. 无贴片广告

B 站平台上的视频没有贴片广告，与其他视频平台上的视频开头都有几分钟的广告相比，用户在 B 站平台上观看视频的过程会更加顺畅。

3. 重社交、粉丝价值高

B 站是一个重社交、粉丝价值高的平台，对于粉丝基数大的视频创作者来说，从 B 站平台迁移到其他平台所花费的成本较高，大部分粉丝可能会流失，创作者往往需要在新的平台上重新运营账号。

4. 用户年轻、思想开放

B 站拥有更年轻的用户、更开放的思想、更先进的理念，视频内容也多以发达城市、科技、国外动漫、电影、电视剧等为主。

7.4.2　B 站平台的内容生态

B 站平台上的内容大概分为两类，即版权采购内容和 UP 主创作的内容。

1. 版权采购内容

在版权采购内容方面，B 站平台大多选择与自身目标用户风格相符的内容进行采购，各类番剧（连载动画电视剧）是重点采购内容。除番剧外，平台还会采购一些纪录片、老电影等内容。

除大量引进正版番剧外，B 站平台也在积极尝试自制二次元内容，不仅在东京创建了动画制作社，还通过开设"国创"分区、投资国产动画等方式在助力国漫崛起的同时，为自己的二次元版权"开疆拓土"。

2. UP 主创作的内容

B 站平台上 90% 的视频是 UP 主自制的原创内容，所以说 UP 主创作的内容是 B 站平台的生命力所在，也是它作为一个内容社区很重要的基础。

随着 B 站的不断发展，其内容服务范围在不断扩大。在内容分区上，现在的 B 站已经不仅限于 ACG 内容，还开拓了生活、时尚、娱乐、数码等内容分区，吸引了更多领域的内容生产者入驻 B 站平台，使平台的内容更加多元化。而多元化的内容又吸引了多元化的用户进入平台，从而形成用户与内容丰富程度同时增长的正向循环。图 7-30 所示为 PC 端 B 站平台的内容分区。

近两年，B 站美食、财经、知识分享、时尚、宠物等领域的 UP 主迅速崛起。随着专业领域 UP 主的入驻，网上授课、讲座等形式的内容也逐渐涌现。这说明 B 站已经成为一个既能满足用户的娱乐需求，又能满足用户学习技能、传递信息需求的平台，已经成为整个年轻群体的大型文化社区。图 7-31 所示为 PC 端 B 站平台上的"知识"专区，包括科学科普、社科人文、财经、校园学习等内容。

图 7-30　PC 端 B 站平台的内容分区

图 7-31　B 站平台上的"知识"专区

7.4.3 官方扶持计划

为了保持平台的活力，并为用户持续输出高品质内容，B 站平台采取了多种措施来帮助 UP 主提升创作能力。

1. 培养计划

培养计划是指 B 站平台为 UP 主提供线上线下全方位的培训。B 站平台在线上开设"创作学院"，如图 7-32 所示；在线下开展"UP 主学院交流日"活动，为 UP 主提供选题创意、音频处理、后期剪辑、特效合成等方面的技能培训，帮助他们提升创作能力。

图 7-32　创作学院

2. 激励计划

激励计划主要包括荣誉激励和利益激励两种方式。

在荣誉激励方面，B 站平台每年会举办百大 UP 主颁奖典礼，从创作力、影响力和口碑三个维度评选出上一年拥有出色表现的 100 位 UP 主，并赋予他们荣誉称号，提升其荣誉感。

在利益激励方面，B 站平台通过创作激励计划、充电计划、悬赏计划、花火商单平台、签约合作等多种方式为 UP 主创造获取收益的机会。

（1）创作激励计划：该计划指 B 站平台推出的针对 UP 主创作的作品进行综合评估，并提供相应收益的系列计划。

在"创作中心"→"收益管理"→"创作激励"下，可以加入创作激励计划，如图 7-33 所示。

图 7-33　加入创作激励计划

（2）充电计划：该计划是 B 站平台为粉丝提供的在线打赏功能，让粉丝通过投送电池的方式支持 UP 主，UP 主获得的电池越多，实际收益就越大。该计划可实现 UP 主与粉丝更好的互动，建立与粉丝的新型互动关系，发展高黏度的粉丝群体。平台鼓励原创作品，没有商业元素的自制视频页面将显示特殊的充电面板，帮你获得更多的"充电电池"。图 7-34 所示为参与充电计划入口。

（3）悬赏计划：该计划是 B 站平台为 UP 主提供的通过在自己发布的视频下方挂广告来获取收益的官方商业计划。B 站平台会根据 UP 主的视频所产生的广告曝光量或商品销量为其发放收益。图 7-35 所示为加入悬赏计划入口。

图 7-34　参与充电计划入口

图 7-35　加入悬赏计划入口

UP 主可选择弹幕、视频内橱窗、视频下 3 个位置来悬挂商品并可自定义自己的个性广告文案。

带货"拿分成"，UP 主所有的带货分成都将自动打入 UP 主注册的阿里妈妈账号中，可以随时查看、定时提取。

（4）花火商单平台：花火商单平台是服务于优质 UP 主和客户的商业合作平台，提供安全放心的商业合作环境和商业交易流程。它有效地缓解了 UP 主和广告主信息不对称的局面，让 UP 主和广告主能够更好地实现对接。UP 主粉丝数量达到 1 万人，且在 30 天内发布了 1 个原创视频，即可报名加入。图 7-36 所示为加入花火商单平台入口。

图 7-36　加入花火商单平台入口

（5）签约合作：B 站平台为了留住头部 UP 主，或者吸引一些其他平台的达人入驻，会与他们签约，让其只在 B 站平台上发布作品。

7.5 练习题

1. 填空题

（1）西瓜视频主要面对_____，横屏短视频是将通过 DV 和摄像机制作的长视频压缩剪辑得到的。

（2）_____是西瓜视频平台为帮助创作者更好地创作而提供的一系列创作者权益和成长体系。它向创作者明示了平台规则，包括创作者权益和信用分规则。

（3）西瓜创作平台拥有强大的_____功能，从核心数据、流量来源分析、观众分析、粉丝分析四大维度帮助创作者更好地了解账号。

（4）_____是视频的重中之重，必须 3 秒内吸引住观众，否则，用户可能就走了，更别提让用户产生点赞、评论、转发的行为。

（5）B 站平台上的内容大概分为两类，即_____和_____。

2. 简答题

（1）西瓜视频平台的特色玩法是怎样的？

（2）西瓜视频平台推荐机制是怎样的？

（3）西瓜视频创作收益计算规则是怎样的？

（4）西瓜视频开头的常见形式有哪些？

（5）西瓜视频的结尾形式有哪些？

第 **8** 章

短视频营销"吸粉"技巧

现在是粉丝经济时代，粉丝就意味着流量，意味着变现的可能，因此吸粉对短视频创作者来说至关重要。短视频创作者一定要找到合适的方法推广短视频，引爆短视频的热度，同时做好用户运营，让热度继续发酵，并逐渐扩散。

学习目标：

- ♪ 掌握写出引爆流量的短视频标题的方法
- ♪ 策划爆款选题的原则和必备因素
- ♪ 掌握增强互动、提升用户黏度的方法
- ♪ 掌握发起活动推广、激发用户参与的方法
- ♪ 掌握微信推广的方法
- ♪ 掌握其他涨粉技巧

8.1 写出引爆流量的短视频标题

短视频标题会影响短视频的播放量。好的标题会引爆流量，不好的标题甚至会掩埋一个优质的短视频。那么怎样写出引爆流量的标题呢？

8.1.1　分析人性的特点

用户一般情况下是直接在短视频平台选择视频观看的，也可以通过输入关键词搜索自己想看的视频。如果创作者发布的短视频标题中含有用户搜索的关键词，那么短视频就会被推荐给用户，增加被观看的概率。如图 8-1 所示，当用户在短视频平台搜索栏中输入"包包"后，所有在该平台上发布的视频标题中包含"包包"二字的内容，都会被推荐给用户，如图 8-2 所示。

图 8-1　搜索栏中输入"包包"

图 8-2　将搜索结果推荐给用户

标题有两个主要作用，也是运营者编写标题重点参考的两个方面。

给用户看：让看到的用户点击视频。

给平台看：获得平台更多精准推荐。

要从人性的角度来编写标题，这样写出来的标题才会有更多的人观看。人性都有哪些特点呢？

1.　痛点必须切中用户的需求

创作者不仅要在短视频内容中为用户提供解决方案，在标题上也要指出其痛点，以吸引其点击观看。平时要经常收集用户遇到的问题，把这些问题一一列出来；多和目标用户沟通，深挖他们的痛点；最后逐步提炼出能概括当前问题的关键词。

2. 好处——必须切中用户最想要的需求

要寻找能给用户带来的好处，一个痛点对应很多好处，从不同的角度去写。

3. 好奇——答案在视频中

创作者在拟定短视频标题时，通过激发用户的好奇心，可以促使其对短视频产生浓厚的兴趣，进而产生点击观看短视频的欲望。标题是吸引点击视频的第一环，好奇是一把钥匙。不能在标题中展示答案，答案应在视频中。

8.1.2 短视频标题选取技巧

短视频标题选得好，才会有更多的用户观看视频，获得更多的点击量，那么短视频标题的选取技巧有哪些呢？

1. 数字化

数字化标题，即将视频的重要内容用数字体现出来。研究表明，含有数字的标题更容易被用户记住。将标题中所有能用数字表达的文字都替换成阿拉伯数字，使视觉上更有冲击感，更能引起用户的注意。

图 8-3 所示的视频中，标题是"你们要的五千块买到的二手车来了"。标题中数字的使用，让用户一下子抓住视频内容的关键。

2. 引发用户共鸣

短视频标题中如果有情感共鸣点，就可以让用户感同身受。例如，"太不容易！工人高空作业时突遇大风，吊篮在空中随风飘荡"这一标题，能引发很多人的共鸣，如图 8-4 所示。

3. 警示化

大多数人会关注与自己相关的话题，尤其是可能触及自己利益的话题。可以使用警示化标题，使人提高注意力，吸引粉丝对视频的关注。

图 8-5 所示的视频中，标题是"8 个伤眼的坏习惯，我敢说好多人都有……"，这一标题中就含有警示文字，吸引用户点击观看。

图 8-3　数字化标题

图 8-4　引发情感共鸣的标题

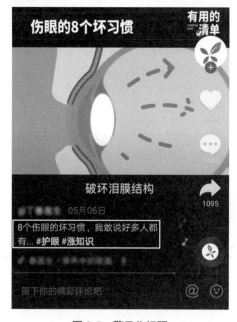

图 8-5　警示化标题

4．热点化

短视频创作者在设置短视频标题时可以追热点，借助热门话题将自己的短视频传播给更多的用户。但一定要注意的是，要追的热点一定要与短视频账号的定位相关。

图 8-6 所示的视频就是有关"6·18"购物促销的，其标题是"618 攻略来啦！！提前薅不用等!"，吸引了不少人点赞、评论。

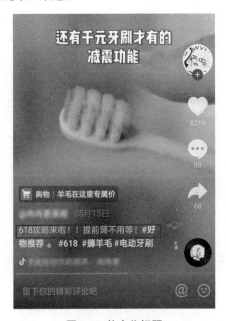

图 8-6　热点化标题

5．标题句式

短视频标题要多用短句，并合理断句，避免长句。标题除了采用陈述句，还可以尝试采用疑问句、反问句、感叹句等句式，以引发用户思考，增强代入感。

图 8-7 所示的视频，其标题是"暑假去哪儿玩？这五个必打卡的游乐园赶紧 get"，看到这个短视频标题，用户在脑海里就会闪现"去迪士尼？还是去欢乐谷？还是去海洋世界？"等类似的疑问。当用户心中产生疑问时就会有想要一探究竟的欲望。将标题变成一个简单的疑问句，就会激发用户的点击欲望，增加短视频的播放量。

6．稀缺化

对于稀缺的东西，用户普遍容易更快做出决策，直接点击观看。因此，稀缺化标题，更易吸引用户点击播放。

图 8-8 所示的视频，其标题是"60 多万一坛的茅台元青花，全球限量 400 坛，我是真想尝尝啊，你呢？"，看到这个短视频标题，用户更想去点击观看，这么贵的酒到底长什么样？

图 8-7　标题句式疑问化　　　　　　图 8-8　稀缺化标题

7. 做成系列

将短视频做成系列，持续更新可以给短视频带来更多流量。如在标题中，加入"（一）""（二）"这样的字眼。当用户看到其中一个标题，如"五"的时候，自然会考虑寻找"（一）""（二）"的视频来看。

图 8-9 所示的视频，其标题中含有"墙头记系列 5"字样，看到这个短视频标题，用户在点击播放完这个视频后，还会寻找其他的系列视频去观看。

8. 利益化

对于商家发布推广宣传产品的视频，一定要以"利"诱人，在标题中就直接指明产品利益点。图 8-10 所示的视频，其标题含有"身上没钱，年赚百万的赚钱项目！适合普通人的赚钱思维"字样，看到这个短视频标题，正在准备创业的用户更容易点击观看。

图 8-9 将短视频做成系列

图 8-10 利益化标题

8.2 引爆短视频流量

怎样引爆短视频流量呢？下面具体介绍策划爆款选题的原则和打造爆款短视频的必备因素。

8.2.1 策划爆款选题的原则

要想创作出爆款短视频，找好选题是第一步。那么如何才能找到一个好选题呢？下面介绍策划爆款选题的原则。

（1）选题受众足够广。目标受众在一定程度上决定了短视频产出的内容方向、运营策略。

（2）选题角度能引起共鸣。如感人瞬间和传递正能量这样的短视频，就会引起不少用户情感上的共鸣，进而引起用户点赞甚至转发。

（3）选题节点足够巧。把握好热点的时间节奏与切入角度才能避免内容同质化。

8.2.2　爆款短视频的必备因素

大多数短视频运营者，都希望自己发布的短视频能够成为爆款，吸引更多的人关注。下面就介绍爆款短视频的必备因素。

1．内容有新意

选题内容要有新颖的创意，创意是比较抽象的概念，只可意会不可言传。因为创作选题的角度和侧重点各不相同，所以创意并没有统一的标准和框架。

2．内容要有价值

选题内容一定是有价值的内容，能激发用户对其产生点赞、评论、转发等行为，让用户学到有用的信息、有用的技巧、有价值的知识、有帮助的常识，如科普知识类视频、美食制作类视频、英语教程类视频、计算机教程类视频。

图 8-11 所示的英语培训视频，凭借优质的课程内容，让粉丝学会日常生活中真实场景的英文对话，让用户告别死记硬背，日常交流脱口而出。

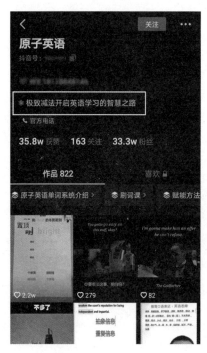

图 8-11　内容有价值的英语培训视频

3．开门见山

在视频开头就点明视频的主题或主要内容，开门见山地抛出问题和利益点，直接抓住用户的好奇心。

4．选题侧重互动性

在策划选题时，尽可能选择一些互动性的选题，尤其是热点话题，其受众广、关注度高、参与性强。这种互动性强的短视频会被平台大力推荐，从而增加短视频的播放量。

5．满足幻想

爱情幻想、生活憧憬、别人的宠物，那些无数次幻想却不敢做的事情，在短视频平台上可以帮你实现。短视频的合拍功能就大大满足了想要和自己喜欢的美女合拍的心愿。图 8-12 所示合拍视频的点击量达 263.2 万人次。

图 8-12　合拍视频

6．视觉刺激

在拍摄短视频的时候可以通过视觉刺激，比如炫丽的美景、崭新的视角、惊心动魄的场景来激发用户的好奇心，使其产生看下去的兴趣，如图 8-13 所示。

图 8-13　含有视觉刺激内容的视频

7. 讲故事

在短视频创作过程中，要抓住关键点，制造矛盾、巧设拐点，以故事情节提升代入感，使用户如同身临其境，与剧中人物感同身受，引发强烈的情感共鸣，一定会吸引更多的用户观看、点赞和评论，使其成为忠实的粉丝。

8.3　增强互动、提升用户黏度

短视频平台是一个人的舞台，评论则是所有人的舞台，一条精彩的评论，可以弥补视频中不足的部分。

8.3.1　与粉丝积极互动

粉丝的口碑宣传可以带来远超于渠道推广的裂变效果。只有粉丝逐渐增加，你的短视频账号才能被更多的用户知道并关注。增加粉丝黏性的有效方式是与粉丝积极地互动。与粉丝互动的方式主要有以下几种。

1．回复评论

创作者要及时回复粉丝的评论，让其感受到自己得到关注和重视。

2．回复私信

当收到粉丝私信时，只要时间允许，创作者都要及时回复，这样可以增强粉丝对创作者的好感度。

3．引导转发和评论

创作者在短视频中可以添加一些与粉丝互动的话语，引导其评论与转发。视频结束后设置一个问题，很容易引起粉丝的兴趣，使粉丝参与讨论。

4．投票

通过投票这种互动方式，可以了解粉丝的想法，也能活跃博主账号气氛，提升了粉丝的参与感，又能深入地了解粉丝的兴趣。

5．举行线下交流会

创作者要重视线下交流会，与核心粉丝见面交流。当创作者与核心粉丝建立了非常稳固的情感联系时，这些核心粉丝就会主动为创作者创作的短视频进行口碑宣传。

6．保持互动时的情绪

有时候有些粉丝可能会出言不逊，或者质疑主播，这时不要生气，也不要鄙视对方，更不要随意删除粉丝的评论。

7．提高粉丝的参与度

提高粉丝参与度的主要方式是邀请其参与到短视频的选题、文案等的策划中。例如，创作者可以在短视频结尾征集创意，让粉丝在短视频下方以评论留言等方式进行投稿。

8.3.2 回复评论，提高评论数量

针对用户在评论区的评论，创作者要做好评论互动，促使用户转发短视频，帮助创作者吸引更多的用户。回复用户评论时需要注意以下几点。

1. 第一时间回复评论

创作者要尽可能第一时间回复用户的评论，这样可以让用户感受到创作者对他们的重视，使其产生强烈的好感。回复得越快，就代表创作者对其重视程度越高，用户对创作者的好感也就越高。

2. 顺着用户的思路进行互动

有时用户的评论可能言语过激、语气尖锐，此时创作者切不可"针尖对麦芒"地进行回击，而要顺着用户的思路与其展开互动，展现出创作者按照其期望不断改进的决心，增强他们的期待感。

3. 开通问答环节

除了在评论区回复，创作者还可以对用户的评论信息进行整理，在下一个短视频中进行整体答复。当短视频账号发展到一定阶段后，创作者可以就用户评论单独设计一个问答环节，这样可以极大地提升用户的参与感。

4. 优先回复重点评论

当面对大量评论时，首先挑选重点评论进行回复，可以优先回复有负面情绪的用户的评论、提出建议的用户的评论及互动频繁的用户的评论等，然后回复其他的评论，尽量做到有评论必回复。

通过评论这个功能，主播可以和粉丝进行更好的互动，从而带来更多的人气。图 8-14 所示为用户评论。

图 8-14　用户评论

5. 评论预埋

短视频在刚发布时的评论量有可能很少，这时创作者可以自己撰写评论，用其他账号

评论或以好友评论等方式进行评论预埋，要多发布有趣、有"干货"、有话题性的评论，或者是非常犀利的提问等，引导用户畅谈自己的观点，并且与其他用户实现互动交流。

6. 评论置顶

创作者还可以借助评论来引导用户互动，当在评论区发现高质量的评论时，可以将其置顶，引导用户产生更大范围的互动。

8.3.3 提高点赞量

为短视频点赞代表用户喜欢这个短视频。短视频点赞数量高，能吸引更多的用户点赞这个短视频或者转发这个短视频。如何才能获得更多的赞呢？多关注别人，多争取和别人互相关注，以增加粉丝。粉丝数多，点赞量自然也会多。具体操作步骤如下。

（1）在抖音平台首页点击"我"，在"我"界面可看到很多作品，如图 8-15 所示，这些作品就是上传的短视频或者其他内容，点击需要获得更多赞的作品。

（2）开始播放后，点击 ●●● 图标，如图 8-16 所示。

图 8-15　在"我"界面可看到很多作品

图 8-16　点击 ●●● 图标

（3）点击"分享"按钮，可以分享给好友，如图 8-17 所示。通过分享给好友可达到互粉点赞的目的，从而帮助我们获得更多的赞。

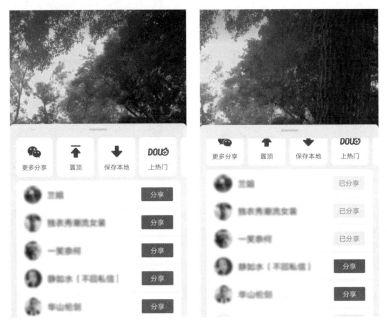

图 8-17　分享给好友

（4）在图 8-17 中点击"更多分享"按钮，进入图 8-18 所示的页面，可以将作品分享给微信好友、QQ 好友、多闪等。

图 8-18　分享给微信好友、QQ 好友、多闪

8.4 发起活动，激发用户参与

当通过各种方式把用户吸引过来后，创作者如果不开展活动，不与用户进行积极的互动，可能会使用户失去活力，逐渐成为僵尸粉丝，这样就失去了引流的意义。因此，创作者要经常在自己的账号中发起活动，提升用户的参与感，尽可能地保持用户的活跃度，调动其点赞、评论与分享的积极性。

8.4.1 发起挑战活动

想要更好地推广自己的短视频，可直接在平台中发起挑战类活动。挑战类活动不仅充满趣味性，还具有强烈的代入感，可以在很大程度

上满足用户的好奇心，激发其竞争意识，因此挑战类活动往往更能引发用户的关注，提升其参与感，从而带来不可估量的粉丝和流量。

创作者在发起挑战类活动时，要注意以下两点。

（1）活动要有一定的难度。只有具有一定难度的活动，才能激发用户的挑战欲望和竞争意识，所有用户是否挑战成功要有一个较高的标准，只有达到此标准才能算作挑战成功。

（2）活动要有一定的奖励。设置奖励是激发用户参与的动力之一，既可以是物质奖励，如优惠券、精美礼品等，也可以是精神奖励，如授予用户某种荣誉称号等。图 8-19 所示为参与"抖音美食创作人"挑战活动，可以获得奖励。

图 8-19　参与"抖音美食创作人"挑战活动

8.4.2 创意征集活动

开展创意征集活动，创作者首先要发布一条有创意的短视频，激发用户产生各种创意，

进而满足其参与感。在这种情况下，用户会非常积极地转发分享短视频。图 8-20 所示为创意征集活动视频。

图 8-20　创意征集活动视频

征集创意活动的具体要求如下。

（1）创作者发布的短视频必须富有创意，这样才能在第一时间吸引用户的注意力，激发其参与活动。

（2）征集到的创意短视频一定要有明确的标准，明确什么样的创意短视频才算合格。有了这个标准，用户就有了清晰的创作方向，进而拍摄出更多、更有趣的创意短视频。

（3）创作者在征集创意短视频时要提供具有一定吸引力的奖品，以激发用户参与和分享的欲望。

（4）创作者要引导用户自发生产内容，并将其中的优质内容进行集中展示，让用户也成为短视频的生产者之一。当用户创作的短视频被肯定，成为创作者制作的短视频的一部分时，用户的内心就会产生认同感和自豪感。

8.5 微信推广

还可以通过微信推广短视频，比如朋友圈推广、微信群推广、公众号推广。

8.5.1 朋友圈推广

微信朋友圈具有其他平台无可比拟的优势，可以在朋友圈发布图片、文字和短视频，也可以看到好友发布的文字、图片和短视频。可以直接把短视频分享到朋友圈，这样你的朋友圈好友就可以看到你发的短视频。图 8-21 所示为朋友圈推广。

图 8-21　朋友圈推广

创作者在朋友圈推广短视频时要注意以下三点。

（1）短视频封面是影响朋友圈好友对短视频产生第一印象的重要因素，所以一定要美观，突出短视频的特色。

（2）创作者在推广短视频的时候要做好文字描述，把重要的文字信息放上去，帮助朋友圈好友了解短视频的内容，从而吸引其点击播放短视频。

（3）朋友圈中的文字字数太多会被隐藏，要想完整地展示短视频的文字描述信息，可以把一些信息放在短视频的评论区。

8.5.2 微信群推广

群友由于有共同的兴趣或者需求聚合在一起就可以成为一个微信群。微信群的推广也是目前的热点，因此，我们要想让短视频更加火爆，就必须通过微信群来推广短视频，让推广信息直达群内用户，这样短视频被关注和播放的可能性就更大。

微信群每个成员都有其自身的特点，而且不尽相同。但在微信群里他们又都有着共同的特点或者某一方面的兴趣爱好，这是他们加入微信群的原因，所以如果创作者推广的是某一特定领域的短视频，就要通过符合该领域特征的群来推广短视频。

多数用户加入微信群是为了了解更多的相关知识，所以就要有针对性地为大家提供有价值的短视频内容，同时不能频繁发送，否则会被群主踢出群。此外，还要注意时间点，一般要选择在晚上黄金时间或者中午午休时，这样可以调动人们观看的积极性。图 8-22 所示为微信群推广。

图 8-22　微信群推广

8.5.3　公众号推广

微信公众号指的是企业或个人在微信公众平台上所申请的应用账号，这个应用账号是和微信账号互通的。微信营销者利用微信公众号可以在微信公众平台上与特定的人群进行文字、图片、语音和视频等的互动和沟通。

一般来说，创作者通过微信公众号推广短视频使用较多的有两种方式，分别是"标题+短视频"和"标题+文本+短视频"。当然不管采用哪一种方式，都必须说明短视频的主题和内容。另外，还可以和一些其他的公众号合作，一起提高短视频曝光率。图 8-23 所示为公众号推广视频。

图 8-23　公众号推广视频

8.6　其他涨粉技巧

除了前面讲的吸引粉丝的技巧外，还有其他涨粉技巧，如账号矩阵涨粉、DOU+助推涨粉等。

8.6.1　矩阵涨粉

矩阵是指一个品牌建立多个账号，这些账号之间互相引流、互相推动，建立一个流量循环的品牌宣传链。

以天津旅游为主账号，分别开设平安天津、发现天津、天津美食、天津亲子游等子账号，构成以宣传天津美食、美景及各种资讯的短视频宣传体系。

怎样通过矩阵吸引粉丝呢？

1. 客串合拍视频

不同的账号之间互相客串，比如"A号"的视频中出现"B号"的人物角色，然后引导A号的粉丝去关注B号。

2. 打造系列账号

打造系列账号也是一种涨粉的方法。比如海尔旗下有很多抖音号，它们画风保持一致，都使用相同的 Logo，如图 8-24 所示。这样的矩阵运营可以极大提升品牌在平台上的曝光率，公司品牌借此在旗下每个账号中刷到了存在感。由于海尔集团旗下公司账号不同，但对外呈现方式一致，用户在刷到一个视频后，可能会按图索骥找到其他账号。

图 8-24　海尔的抖音号

3. 平台矩阵，同步发到多个平台

平台矩阵的原理也是一样的，短视频在 A 平台发布完之后，可以在 B 平台发布，还可以同步到各大平台，而且有流量优势的平台必须要发，如抖音、快手、视频号、西瓜视频

等。这样做的好处是即使视频在 A 平台上没有流量，也可能在其他平台上得到较高的流量。发布视频同步到多个平台的好处就是既保证账号的安全，又进一步扩大自身流量。

8.6.2 DOU+助推涨粉

DOU+是平台内的官方助推方式，相当于用户自己买流量，将视频推广到更多感兴趣的用户面前，提升视频的曝光率，也有助于账号涨粉。图 8-25 所示为 DOU+推广。

图 8-25　DOU+推广

在进行短视频推广的时候，要对推广的短视频进行定向评估，切记盲目投放。首先选择涨粉快的视频来推广，很多人会因为这个视频来关注我们的账号，成为我们的粉丝。此外，高互动的视频，比如说高评论数的视频，也是我们重点进行二次推广的一个方向。

一定要注意的是，DOU+更多是对视频起到助推的作用。如果视频质量太差，投入再多DOU+，效果也不会很好，如投入 100 元可能才涨十几个粉丝。

可以采用"少量多投"的原则投放 DOU+。在投放 DOU+时，需要注意投放的转化效果，一旦花费大量金钱，却没有达到转化目的时，就需要立即停止投放。

8.7 练习题

1．填空题

（1）好的_____会为短视频传播起到推波助澜的作用，相反一个不好的_____甚至会掩埋一个优质内容的短视频。

（2）选题内容一定是_____的内容，能激发用户对其产生点赞、评论、转发等行为。

（3）短视频_____高，能吸引更多的用户点赞这个短视频或者转发这个短视频。

（4）想要更好地推广自己的短视频，可直接在平台中发起_____活动，这种活动不仅充满趣味性，还具有强烈的代入感，可以在很大程度上满足用户的好奇心，激发其竞争意识。

（5）还可以通过微信推广短视频，比如_____、_____、_____。

2．简答题

（1）如何才能选取一个可以带来高点击率的短视频标题呢?

（2）如何才能找到一个好选题呢?

（3）爆款短视频的必备因素有哪些呢?

（4）与粉丝积极互动的方式有哪些?

（5）在朋友圈推广短视频时要注意哪些问题?

第**9**章

短视频变现盈利

对于短视频创作者来说，变现盈利是短视频运营中最为关键的一环。如果创作者投入了大量精力和时间运营的短视频无法获得收益，不仅会大大挫伤创作者的积极性，还会因为没有持续的资金支持而运营不下去。因此，需要找到有效的变现盈利模式，基于不同的盈利模式制作不同的视频内容，才能实现短视频营销利润最大化。

学习目标：

- ♫ 掌握直接变现模式
- ♫ 掌握广告模式
- ♫ 掌握直播盈利模式
- ♫ 掌握品牌企业宣传模式
- ♫ 掌握电商卖货模式
- ♫ 掌握通过平台获得收益的方法
- ♫ 掌握如何通过快手小店卖货

9.1 直接变现模式

对短视频运营者来说，其最终目标是通过不同的方式进行变现。下面介绍直接变现模式，包括观看付费模式、会员制增值服务付费、打赏作品、渠道分成模式。

9.1.1 观看付费模式

在内容付费整体的大趋势下，已经有很多文字、语音问答付费成功的案例。用户为优质互联网内容付费的习惯正在逐渐养成，内容付费市场的潜力巨大。

短视频内容付费，本质上还是用户花钱买内容，既然是花钱，自然有花钱的道理。要想让用户付费观看短视频内容，短视频需要具有以下两个特点。

（1）有价值。所谓有价值，是指用户认为短视频内容对自己有用。不管是增长见识，还是提升个人知识技能，"付费"这一门槛都被认为可以帮助用户自动筛选优质内容，节约注意力成本，而用户在付费那一瞬间也会产生满足感和充实感。

（2）具有排他性。排他性是指用户更愿意为独家短视频内容付费。

短视频内容付费模式主要有销售专业知识和销售垂直细分领域知识两种。

1．销售专业知识

对用户来说，越专业的知识就越有价值，也会有更多的用户付费观看。不过，并非所有与专业相关的知识都会被用户接受，用户只会为与自己生活和工作密切相关的专业知识付费，如房产投资知识、职场知识、法律知识、理财知识等。另外，专业知识越稀缺，对用户的吸引力就越强。

例如，如图 9-1 所示，某高考志愿填报老师推出了付费系列短视频《高考志愿填报讲解》，主要面向高三学生和家长讲解关于志愿填报方面的专业知识，售价为 66 元，很多感兴趣的家长付费观看。

2．销售垂直细分领域知识

短视频创作者可以聚焦某一垂直细分领域，在该领域做精、做专，从而吸引对该领域感兴趣的用户。短视频创作者销售垂直细分领域知识，可以吸引相对小众的用户群体付费观看，因此短视频知识越垂直细分，就越能吸引某一用户群体付费购买。

例如，每天说说职场事是一个以职场知识为主的垂直类短视频栏目，其上线了付费短视频专辑，内容涵盖职场生存与晋升基本法则、如何成为单位的核心骨干、通往财富之路的源头思维等。每个专辑的售价为 14～48 元。

图 9-1　付费观看专业知识

9.1.2　会员制增值服务付费

在长视频领域和音乐内容平台，会员制增值服务付费模式早已得到广泛应用。用户在搜狐视频、优酷视频、爱奇艺等平台观看视频时，经常可以看到带有"VIP"字样的剧集，用户可以通过升级为会员的方式享受某些会员特权。图 9-2 所示为搜狐视频会员特权。

现在很多短视频平台推出了短视频内容付费服务，主要因为以下几点。

（1）短视频平台逐渐完善成熟，平台要想获得更好的发展，需要开拓更多的盈利模式，吸引更多的创作者入驻。

（2）越来越多的用户需要更加优质的短视频，优质短视频内容的市场在不断扩大。

（3）用户逐渐养成了为互联网上的优质内容付费的习惯，而且付费的精品短视频内容逐渐受到市场的认可与欢迎。

图 9-2　搜狐视频会员特权

目前，很多短视频平台的付费观看模式与会员制增值服务付费模式相互融合，用户既可以在购买会员之后免费观看大量原创的优质短视频，也可以选择性地针对某一个短视频付费观看。

9.1.3　打赏作品

许多用户对打赏订阅这种模式都不陌生，这是短视频内容变现最直接有效的方式，也是检验每个短视频内容质量的关键标准。用户只是点赞、评论与转发还远远不够，只有他们肯为短视频内容打赏订阅，才说明他们对短视频内容真的喜爱。

随着打赏功能的出现，越来越多的人开始为自己喜欢的短视频付费。从长远来看，打赏是短视频行业中十分可行的盈利模式。比如，快手等短视频平台都开通了赞赏作品功能。而对内容生产者来说，我们需要做的是让用户主动来打赏。

在快手开通赞赏作品功能后，创作者发布的符合条件的作品可被赞赏，如图 9-3所示。

图 9-3　赞赏作品功能

要想通过打赏变现，创作者需要注意以下四个方面。

1. 要让打赏变成用户的刚需

直播打赏已经成为观众观看直播的一种习惯。短视频和直播不同，在播放时不能和观众直接互动，所以用户对短视频内容的反馈不会实时地呈现出来。于是，在不能为用户的观赏体验带来提升的情况下，打赏不打赏，就显得无足轻重了。

而且短视频的观众根本不会意识到，打赏对一个短视频团队来说有多么重要。所以在创作短视频的内容时，就要想办法让观众看到短视频团队对打赏的需求。只有这样，才可以让观众认可、接受并自觉产生打赏短视频的行为。

观众是被动的，想获得打赏，就在短视频里直接说明。当然，具体怎样求打赏还要看短视频团队能编排怎样的话术，这些可以根据短视频内容的风格、定位和主题来进行思考。

2. 要激发观众的帮助心理

要想通过打赏的模式变现，短视频团队可以参考直播的那种模式。大部分的网络主播在直播的过程中都会想尽办法让观众给他们刷礼物，比如他们会在直播过程中对观众直接讲出需求，请观众帮助完成，通过这样的方法来博取同情，从而激起观众的帮助心理。

对于短视频来说，同样是做内容生产的，虽然在形式上略有不同，但是也可以仿照直播的这种模式直接向观众求助，从而激起观众的帮助心理。

要让观众知道短视频团队需要他们的帮助，将打赏行为变为帮助性的活动。要让观众知道，只有他们打赏了，团队才有动力创作出更多优质的内容。如果观众意识到这一点，就会更加愿意进行打赏。观众的主动打赏，也可以说是其与短视频创作者之间的一种互动，只有两者之间形成一种微妙的良性循环，才能达到产销平衡。

3. 要提高用户的身份优越感

可以设置一种专门的等级制度或是会员制度，让打赏金额越高的用户获取更高的等级，以此来提升用户的优越感。

还可以让不同等级的用户获得不同的权益福利，看上去并不能让用户获得什么实质性的好处，却可以让他们与普通观众之间产生身份上的差别，让那些经常打赏的用户获得心理上的满足感和优越感。

图9-4　打赏选项

4. 要改变用户打赏时的默认选项

单从打赏来说，如果给用户两个选择，如打赏或不打赏，往往效果都不太理想。如果让用户打赏在1、10、66、99、168、520、666、888个快币之间做出选择，用户很容易就不由自主地打赏，激起了他们的主动性，如图9-4所示。

然后经过长期的引导与熏陶，让用户打赏成为一种常态，当他们养成这种习惯后，打赏就变得更加容易了。

9.1.4 渠道分成模式

渠道分成对于一个短视频团队而言是他们创业初期最直接的收入来源。所以在短视频运营过程中，关键的问题是对渠道的选择以及思考怎样获取最大的分成利益。

1. 通过对比选择首发平台

就像买货要货比三家一样，选择首发平台可以通过对比的方式来进行。比如今日头条，它采用的是系统推荐机制。人工智能系统会根据用户的观赏习惯给用户投放短视频，可以帮助短视频团队精准快速地找到短视频的目标受众，还可以帮助团队测试创作的短视频内容是否能受到观众青睐。

而那些采取渠道分成机制的平台，如腾讯视频、搜狐视频、爱奇艺等多数是采用人工推荐机制的，能留给短视频的推荐位是非常少的。

所以今日头条对短视频的精准投放对许多处在短视频创业初期的团队来说，具有极大的吸引力。因为今日头条就是通过查看数据，分析来自用户的反馈，从而找到最适合用户的短视频内容。

除了有非常好的推荐机制，今日头条还具有足够多的用户，这为短视频创作团队获取更多的播放量及平台分成奠定了良好的基础。而且，短视频在今日头条上出现错误可及时发现，即刻优化之后还能发布到其他平台上去。

图 9-5 所示为在今日头条平台上发布的短视频。

2. 在尽可能多的平台发布

对创业初期的短视频团队来说，渠道分成是其最直接的收入来源。因此，要在尽可能多的平台发布短视频，只有这样才能获得更多的分成收益。当然，如果想获得这些分成，还是需要团队掌握一些运营技巧的。

图 9-5　在今日头条平台上发布的短视频

不同的平台有着不同的特点及不同的视频呈现方式，所以就需要根据不同平台的要求，相应地调整视频的封面、标题、简介和标签这些内容的设计，这些因素最终都会影响到短视频在不同平台上的播放量和分成收益。

3. 要尽最大可能争取视频平台的推荐位

目前大多数视频平台，比如腾讯视频、搜狐视频、爱奇艺，其主界面都被各种地方卫视的电视剧、电影、综艺节目等长期占据，短视频是很难在这些视频平台上争取到好的资源位的。但如果短视频团队能够通过优质的内容争取到这些视频平台的推荐位，视频的流量就有了极大的保证。

短视频团队要找到自己的定位，确定好自己的发展方向，找寻适合自身发展的平台，最终才能使短视频营销收益最大化。

图 9-6 所示为腾讯视频平台的推荐位。

图 9-6　腾讯视频平台的推荐位

9.2　广告模式

当短视频账号有了一定的粉丝量和播放量时，接广告也是常见的变现盈利手段。

9.2.1　信息流广告

信息流广告是在短视频平台的"推荐"页面内出现的广告，即用户日常"刷"得最多的页面。信息流广告也称为原生广告，是目前效果比较好的一种广告。这种广告的最大优点是将广告更加自然地融入用户所浏览的内容中。

短视频平台通过精选优质视频，采用下滑即推荐新视频的展现方式，让用户可以持续在短视频平台内观看视频。在用户下滑观看新视频时，不定期插入"视频广告"，用户如果对该广告有兴趣，会点击该广告视频做进一步的了解。图9-7所示为信息流广告。

图9-7　信息流广告

9.2.2　开屏广告

开屏广告即在短视频App启动时展现的广告，广告播放完毕后进入"推荐"页面。开屏广告目前是常见的营销形式。开屏广告的优势很明显，即曝光效果好，只要打开抖音就实现曝光，缺点也很明显，就是价格高，比较适合品牌型的客户，也适合追求曝光的客户。

开屏广告在第一时间吸引了用户注意力。图9-8所示为金领冠官方旗舰店的开屏广告。

图 9-8　金领冠官方旗舰店的开屏广告

9.2.3　植入广告

植入广告是指将广告信息和内容完美结合，使广告自然地融入内容中，最终达到向用户传递广告信息的目的。短视频创作者可以在短视频中适当地插入品牌广告内容，让用户对品牌有一定的认知。

植入广告要求用户不知不觉中接收广告中的信息，这对短视频内容和品牌的契合度要求很高。毕竟用户不是为了看广告而观看短视频的，如果短视频创作者频繁地在短视频中插入广告信息，很容易影响用户体验，造成用户流失。

因此，短视频创作者要采用合适的方式植入广告，主要有以下几种方式。

1．台词植入

台词植入是指通过短视频中人物的台词把产品的名称、特征等信息直白地传达给用户。这种方式很直接，也很容易激发用户对产品的认同感。不过，台词的衔接一定要自然、恰当，不能生硬地插入产品介绍，以免用户反感。

2．剧情植入

剧情植入是指把产品信息融入短视频的剧情中，通过故事的逻辑线条和情节发展，产品信息非常自然地出现在用户眼前。

例如，图 9-9 所示的视频在剧情中植入广告，植入的产品有海尔洗衣机，通过"沉浸式洗衣机你体验了没？"很巧妙地宣传了产品的使用场景、常用功能和使用技巧等。

3．道具植入

道具植入是指将产品当成短视频中的道具，直接、自然地展现在用户眼前。很多短视频都采用这种方式来达到产品宣传的目的，不过在采用这种广告植入方式时，不能过于频繁地对产品进行特写，因为这样做会放大广告的特点，而目的性过强就很容易让用户产生不适和反感。图 9-10 所示为道具植入广告。

图 9-9　剧情植入广告　　　　　　　　图 9-10　道具植入广告

4．奖品植入

奖品植入是指短视频创作者通过在短视频中发放一些奖品来引导用户关注、转发和评论短视频的广告植入方式。例如，发放优惠券、代金券，或者将商品作为奖品奖励给用户等。

5．"种草"植入

这种广告植入方式常见于美妆类 KOL 的短视频中。当用户通过短视频学习美妆知识时，就会不自觉地加深对化妆品商品信息的记忆，如果 KOL 再对商品的使用方法进行讲解，可以达到事半功倍的效果，极大地刺激用户的购买欲望。

9.2.4　贴片广告

贴片广告是指在视频播放之前、结束之后或者插片播放的广告。贴片广告是短视频广告中最明显的广告形式，属于硬广告。图 9-11 所示为贴片广告。

图 9-11　贴片广告

贴片广告的优势如下。

（1）触达率高，贴片广告是用户观看短视频内容的必经之路，观看短视频的用户大多会观看广告信息。

（2）信息传递高效且丰富，与电视广告有着很高的相似度。

（3）由于形式生动、立体，贴片广告的互动性强。

（4）贴片广告不需要投入过多的经费，播放率也较高。

（5）抗干扰性强，在广告与短视频内容之间不会插播其他无关内容。

不过，由于贴片广告会在短视频播放之前自动播放，而且用户必须等待，往往会引来用户的反感。

短视频的贴片广告包括平台贴片和内容贴片两种形式。

- ♫ 平台贴片：大多是前置贴片，是出现在短视频播放之前的广告，以不可跳过的独立广告形式出现。
- ♫ 内容贴片：大多是后置贴片，是在短视频播放结束后追加的广告。

9.3 直播盈利模式

利用直播可以获得巨大的曝光量，实现更大的商业盈利。下面介绍直播卖货、直播带货选品技巧、用才华获得粉丝打赏。

9.3.1 直播卖货

直播已不再是美女主播的专利，各个商家已经开始充分利用直播平台聚拢粉丝、转化变现了。主播可以在直播中通过卖货获得收益。

主播通过直播向用户推荐商品，跟通过硬广告营销相比，这样的购物体验更吸引人。直播卖货最大的优势就是可以快速地聚集粉丝，和粉丝及时互动，进行二次营销。图9-12所示为商家通过直播推荐商品。

图 9-12　商家通过直播推荐商品

目前已经有部分主播获得一项特殊权限，那就是可以在直播页面放置电商购物车按钮，如图 9-13 所示，点击按钮就可以进入商品列表，粉丝可以边看直播边购物。

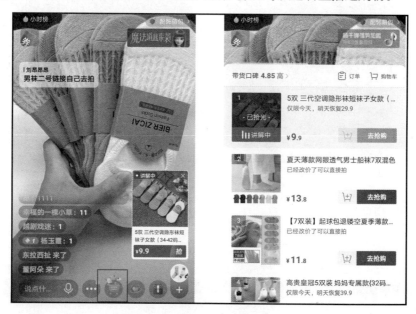

图 9-13　直播页面上的购物车按钮

9.3.2 直播带货选品技巧

如果产品没有选好，产品质量不过关，哪怕主播在直播间说得天花乱坠，即使当场直播的销量很好，最终也会失去粉丝的信任。所以，产品的选择很重要。那么，直播带货产品怎么选呢？

1. 产品与账号定位相关联

产品应与账号定位相关联，如果你的账号是以数码产品为主的，直播带货产品尽量选择数码类相关产品。一方面你对产品非常熟悉，另一方面也符合粉丝对账号的预期，更有助于提升产品转化率。图9-14所示为产品与账号定位关联。

图9-14　产品与账号定位关联

2. 产品亲自使用过

直播带货的产品，最好自己亲自使用过。这样才能知道这款产品的优点和特色，产品有哪些卖点，怎样使用产品，产品适合什么样的粉丝。如图9-15所示，要通过直播间卖衣服，那么主播首先要知道衣服是什么面料的，适合人群的年龄，适合人群的体重、身高，适合什么场合穿，搭配什么裤子等。这些都需要主播使用过后才能得出结论，才能在直播间根据实际使用感受，向观众、粉丝推荐产品，也才会更有说服力。

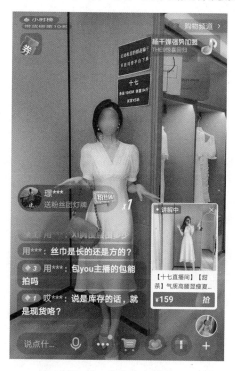

图 9-15　亲自穿上试用

3．借助工具选择产品

通过数据分析工具可以知道哪些产品在直播平台受欢迎。例如，哪些产品在直播时销量高？哪些产品被点击的次数最多？根据这些数据，获得销量高的产品的名称、品类、单价、来源等各项信息，然后根据自己的账号定位及粉丝需求，从中挑选最适合自己做直播带货的产品。常用的数据分析工具有西瓜数据、飞瓜数据等。图 9-16 所示为飞瓜数据工具。

4．根据粉丝需求选品

选择直播带货产品时，一定要认真分析粉丝的真实需求。比如，在直播间会吸引什么样的粉丝关注？这些粉丝有什么特征？他们需要的是什么产品？主要是面对男性还是女性？消费能力如何？对产品的要求如何？了解了粉丝的需求后，再根据粉丝的需求来选择产品。

图 9-16　飞瓜数据工具

5. 选择高热度产品

选择高热度产品，如刚入夏的时候卖空调，刚入冬时卖羽绒服，或者是当下某个时间带火的某款产品，都是我们可以选择的产品。

不管粉丝是不是需要这个产品，在当下那个时间，粉丝都保持了高度关注。

6. 选择高性价比产品

不管是哪个直播带货平台，高性价比的产品都会在直播带货中更占优势。因为销量和产品的性价比有直接关系，产品性价比越高，销量越高。

9.3.3　用才华获得粉丝打赏

大部分直播盈利都是通过粉丝购买礼物之后打赏获得的。只要内容足以吸引并打动粉丝，那么这些粉丝将通过直播平台上所设定的虚拟礼物进行打赏。

直播平台的主播，其主要的收益来源于粉丝赠送的虚拟礼物：鲜花、金币、跑车、飞机等。不同的虚拟礼物所对应的虚拟货币是不同的。图 9-17 所示为粉丝打赏。

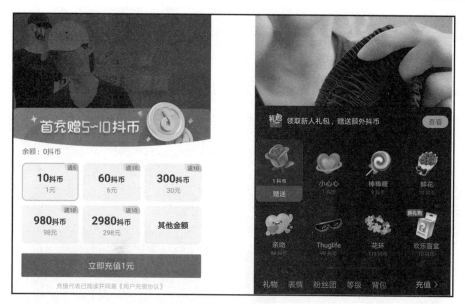

图 9-17　粉丝打赏

在直播时,那些毫无营养、非常无聊的聊天内容,让粉丝一无所获,粉丝自然不会打赏。因此,在直播前要进行粉丝调查,调查粉丝喜欢什么内容,然后针对这个内容进行直播。戳中粉丝痛点的直播一定可以获得更多好评,也能获得更多打赏。

9.4　品牌企业宣传模式

在传播形式日益多元化的今天,越来越多的品牌企业发现了短视频的营销宣传价值。图 9-18 所示的 OPPO 手机是品牌中较早使用抖音做宣传的。目前 OPPO 手机已经在抖音里有了 328.9 万个粉丝,它通过短视频,宣传了品牌形象。

在品牌广告类短视频中,主要有以下几种提升品牌影响力的方式。

1. 品牌叙事

在短视频中,通过品牌创始人讲述自己的创业故事、创业过程和创业理念来引发用户的共鸣。用户对品牌创始人产生好感后,可能会"爱屋及乌",对其所创立的品牌产生更大的兴趣。

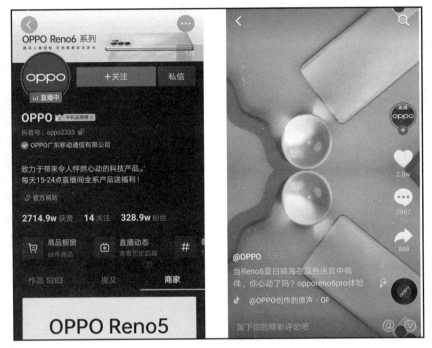

图 9-18　品牌企业宣传

2．场景再现

在短视频中，通过再现日常场景，增强代入感，直击用户的需求痛点，从而最大限度地提升用户对品牌价值的认知，转变其消费观念。

3．产品展示

短视频创作者可以拍摄产品的制作过程、使用技巧和相关创意，在短视频中充分地展示产品，从而在用户的大脑中留下深刻的印象。

4．将理念融入主题

短视频创作者可以将品牌理念融入短视频的主题中，并贯穿始终，让用户完整地了解品牌的具体信息。

5．制造话题

要想让品牌广告具有巨大的冲击力，就必须选择有冲击力的话题。因此，短视频创作者在短视频中要有意识地制造话题，引发用户广泛讨论。

9.5　电商卖货模式

目前电商卖货这一变现方式，正逐渐成为短视频行业里最直接有效、收益最高的变现方式。用户在观看短视频过程中呈现放松的状态，在这种无意识的状态下，最容易购买商品。

9.5.1　开通商品橱窗功能

开通抖音商品橱窗的门槛逐渐降低，为短视频创作者提供了流量变现的新入口。在抖音短视频平台，可以选择"商品橱窗"功能。开通该功能后，你的抖音主页会增加"商品橱窗"选项，可在橱窗里添加需要分享的商品。若消费者对商品感兴趣，可以通过商品橱窗来了解详情及购买。开通商品橱窗有利于提升带货的转化效率。除在账号主页点击"商品橱窗"选项外，在一些粉丝比较多的抖音账号中，还有"商品橱窗"导航，直接引导用户到商品橱窗购买产品，如图 9-19 和图 9-20 所示。

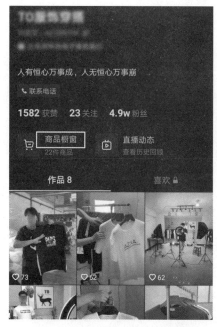

图 9-19　点击"商品橱窗"选项

图 9-20　"商品橱窗"导航

开通商品橱窗的具体操作步骤如下。

（1）进入抖音"我"页面，点击右上角的 ☰ 按钮，如图9-21所示。

图9-21　点击右上角的☰按钮

（2）进入设置页面，点击"创作者服务中心"选项，如图9-22所示。

图9-22　点击"创作者服务中心"选项

（3）进入图 9-23 所示的页面，点击"商品橱窗"选项。

（4）进入"商品橱窗"页面，点击"商品分享权限"选项，如图 9-24 所示。

图 9-23　点击"商品橱窗"选项

图 9-24　点击"商品分享权限"选项

（5）进入"商品分享功能申请"页面，点击"立即申请"按钮，如图 9-25 所示。

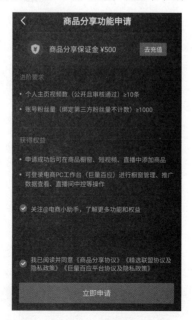

图 9-25　点击"立即申请"按钮

9.5.2 开通抖音小店

抖音小店是抖音为主播提供的电商变现工具，可帮助主播拓宽内容变现渠道。开通抖音小店的具体操作步骤如下。

（1）进入抖音，在"创作者服务中心"页面点击"开通小店"图标，如图9-26所示。

图9-26　点击"开通小店"图标

（2）进入"抖店"页面，点击"立即入驻"按钮，如图9-27所示。

图9-27　点击"立即入驻"按钮

（3）进入"小店简介"页面，在底部点击"立即开通"按钮，如图 9-28 所示。

（4）进入"开通小店"页面，填写完信息后，即开通成功，然后去缴费即可，如图 9-29 所示。

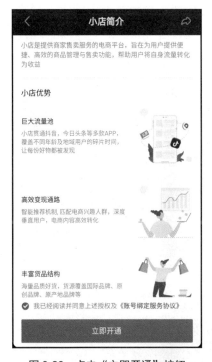

图 9-28　点击"立即开通"按钮

图 9-29　开通小店成功

9.6　通过平台获得收益

各大短视频平台通过各种扶持措施，让优质的创作者获得了不少的收益。

9.6.1　平台扶持补贴

各大短视频平台为了吸引优质的短视频创作者，激发他们持续生产内容，推出了相应的官方扶持补贴活动。比如抖音的"百万开麦"主播扶持计划、Vlog10 亿流量扶持计划，快手的"创作者激励计划",西瓜视频的"3+X"变现计划、"万花筒"计划、"风车"计划、"万元月薪"计划,B 站的"Vlog 挑战季"活动、"Vlog 星"计划,视频号的"原创"计划、"视频号达人扶持"计划。

创作者根据这些官方扶持补贴类活动的要求创作优质的短视频内容,可以获得现金奖励、流量扶持,这也是一种很直接的变现方式。

下面介绍各短视频平台对短视频创作者的扶持政策。

1. 抖音

2019 年 4 月,抖音平台上线了针对 Vlog 创作者的 Vlog10 亿流量扶持计划,鼓励用户进行 Vlog 创作。抖音平台对优秀作品及其创作者给予流量扶持和抖音 Vlogger 认证等奖励。

2019 年 8 月 24 日,抖音在举办的首届创作者大会上宣布推出"创作者成长计划",通过优化流量扶持,提供更多的创作工具和更完善的服务后台等方式,帮助创作者在抖音平台上成功变现。

为鼓励更多短视频创作者来直播间一展身手,抖音直播推出"百万开麦"主播扶持计划,如图 9-30 所示。除提供千万曝光量支持外,还帮助优秀的内容创作者快速涨粉,得到直播奖励、变现,是广大新人主播发掘自身更多价值、扩大自身影响力的极佳机会。

图 9-30　"百万开麦"主播扶持计划

在为优质短视频创作者提供扶持和帮助方面，抖音平台还上线了抖音服务市场。它是一个围绕抖音短视频的优质服务平台，聚集了抖音垂直领域优秀的服务商和开发者，为创作者、创作机构等提供优质服务。创作者可以在这里找到账号代运营服务、行业解决方案、内容创意服务、品牌视觉服务、直播代运营服务、培训服务等一系列创作服务，如图 9-31 所示。

图 9-31　抖音服务市场

此外，抖音平台还推出了创作者学院，开设了平台政策课程、内容创作升级课程、品类内容进阶课程、创作者变现课程等官方指导课程，如图 9-32 所示。

2. 快手

2019 年快手推出了"创作者激励计划"，这对创作者来说几乎是一个零门槛的变现计划。创作者不必专门拍摄商业视频，也不必单独开拓广告主资源，只要粉丝数超过 1 万人即可申请开通。之后只需要专注于日常作品拍摄，系统会自动根据创作者的作品内容，在部分日常作品播放完毕后增加后置贴片广告，并以综合效果评估为创作者分成，如图 9-33 所示。

图 9-32　创作者学院

图 9-33　快手"创作者激励计划"

2020 年 8 月 30 日，快手将推出商家"双百"扶持计划与服务商合伙人计划。未来一年，快手电商将投入 100 亿元资源包，为生态伙伴创造百亿级收入，孵化 10 万个年销售额超过 100 万元的商家。

3. 西瓜视频

西瓜视频推出"万花筒"计划的目的在于扶持快速增长的垂直内容品类，为诸如宠物、时尚、旅游等垂直领域的优质短视频创作者增加 10 倍以上的流量，给予更高的分成比例，并推出奖金制度。

西瓜视频推出"风车"计划的目的在于为专业媒体机构接入运营服务商，提供技术深度支持等一揽子解决方案，帮助这些媒体机构发挥出更大的价值。

西瓜视频为创作者提供了多层次的服务，成立了专门的创作者咨询团队，并设置专属的 VIP 通道完善流程，提升创作者的使用体验。针对创作者变现难的问题，西瓜视频也将通过分成、商业合作、接入今日头条电商等方式提供多元化的扶持。

4. B 站

2019 年 5 月，B 站宣布上线"Vlog 星"计划，通过账号认证、流量扶持、现金激励、活动支持、深度合作和平台招商等方式对 Vlog 领域内容进行扶持。

图 9-34 所示为"Vlog 挑战季"活动（图 9-34 中 VLOG 的正确写法为"Vlog"）。

图 9-34　"Vlog 挑战季"活动

5. 视频号

依托微信 12 亿用户和独特的社交分发机制，视频号吸引了越来越多的创作者入驻，不断丰富视频号的内容生态。

视频号的"原创"计划是为了鼓励原创内容，扶持原创作品创作者而发起的计划。参与该计划后将获得以下权益：

（1）降低认证门槛：申请兴趣认证时，粉丝数门槛从 1000 人降低至 500 人；

（2）原创内容推荐：设置明确的内容领域，可以获得更精准推荐。

如今短视频平台普遍不再将返还现金作为优质内容的主要鼓励手段，而是将关注点逐渐放在内容和变现的指导上，即形成内容消费闭环，培养用户的消费行为，为创作者提供商业资源的扶持。这样做不但可减少"羊毛党"，保护了平台资产，而且维护了创作者的利益和创作积极性。

9.6.2　MCN 签约

MCN 机构是提供短视频生产管理、运营、粉丝管理、商业变现等专业化服务的机构。短视频创作者可以签约 MCN 机构。短视频创作者加入 MCN 机构可以获得以下好处。

1. 内容生产方面

MCN 机构 papitube 采用的是"签约+孵化"模式，在签约短视频创作者时，papitube 并不会单纯以短视频创作者的粉丝量作为筛选的核心条件，还会参考短视频创作者的作品、表现力、剪辑节奏、选题风格。papitube 会挖掘一些有潜力的新人，进行长达数月的全方位孵化，将其打造为拥有几十万甚至几百万个粉丝的"红人"，然后与其进一步合作。在孵化"红人"阶段，短视频创作者需要什么样的支持，papitube 就会提供什么样的支持，最终使短视频创作者与 MCN 机构的工作人员建立默契。

2. 商业运作方面

MCN 机构承担着商业枢纽的重要角色，以更加专业化和规范化的商业模式连接短视频创作者与广告主。papitube 形成了流程化的操作体系，从与客户洽谈传播目标到大纲探讨、脚本创作，再到最后的拍摄与发布，都会由专业的团队运营。

在此体系下，papitube 的商业化运营深度和广度也得到了拓展，这令 papitube 逐渐获得了品牌主和大众的认可，也为旗下的短视频账号承接了大量广告。同时，papitube 在成立三周年活动上推出"售罄计划"，进一步加强短视频创作者的"种草+带货"模式，为短视频创作者与客户带来更多的合作。

9.7　快手小店卖货

除通过快手平台拍摄短视频、投放广告、直播卖货外，短视频创作者还可以通过快手小店卖货变现。

快手小店相当于网上购物平台，可以添加第三方电商平台的商品，在直播和发布视频的时候对商品进行展示，引导用户去购买。图 9-35 所示为快手小店。

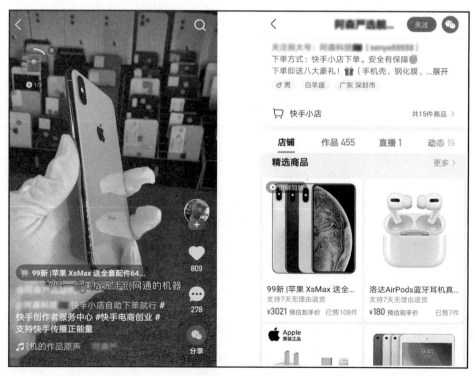

图 9-35　快手小店

快手小店旨在为快手优质用户提供便捷的商品售卖服务，高效地将自身流量转化为收益。开通快手小店将获得以下益处：

（1）多样的收入方式，高效转化粉丝流量为收益。

（2）官方针对快手小店项目的额外曝光机会。

（3）快手平台提供的便捷商品管理及售卖功能。

9.8　练习题

1．填空题

（1）直接变现模式，包括＿＿＿＿＿＿＿＿、＿＿＿＿＿＿＿＿、＿＿＿＿＿＿＿＿、
＿＿＿＿＿＿＿＿。

（2）＿＿＿＿＿＿＿＿＿＿是在短视频 App 内"推荐"页面内出现的广告，即用户日常"刷"得最多的页面。

（3）＿＿＿＿＿＿＿＿是指将广告信息和内容完美结合，使广告自然地融入内容中，最终达到向用户传递广告信息的目的。

（4）＿＿＿＿＿＿＿＿是指在视频播放之前、结束之后或者插片播放的广告，它是电视广告的延伸。

（5）＿＿＿＿＿＿＿＿是抖音为主播提供的电商变现工具，可帮助主播拓宽内容变现渠道。成功开通＿＿＿＿＿＿＿＿后，用户购买商品无须跳转，直接在抖音 App 内就能完成支付。

（6）各大短视频平台为了吸引优质的短视频创作者，激发他们持续生产内容，推出了相应的＿＿＿＿＿＿＿＿＿＿活动，比如抖音的"百万开麦"主播扶持计划。

2．简答题

（1）要想通过打赏变现，创作者需要注意哪些方面？

（2）什么是开屏广告？

（3）短视频创作者可采用哪几种方式植入广告？

（4）直播带货选品技巧有哪些？

（5）在品牌广告类短视频中，主要有哪几种提升品牌影响力的方式？

（6）开通抖音小店的具体操作步骤是怎样的？

反侵权盗版声明

　　电子工业出版社依法对本作品享有专有出版权。任何未经权利人书面许可，复制、销售或通过信息网络传播本作品的行为；歪曲、篡改、剽窃本作品的行为，均违反《中华人民共和国著作权法》，其行为人应承担相应的民事责任和行政责任，构成犯罪的，将被依法追究刑事责任。

　　为了维护市场秩序，保护权利人的合法权益，我社将依法查处和打击侵权盗版的单位和个人。欢迎社会各界人士积极举报侵权盗版行为，本社将奖励举报有功人员，并保证举报人的信息不被泄露。

举报电话：（010）88254396；（010）88258888

传　　真：（010）88254397

E-mail: dbqq@phei.com.cn

通信地址：北京市万寿路 173 信箱

　　　　　电子工业出版社总编办公室

邮　　编：100036